Island: Land der Trolle und Geysire, der Gletscher und Vulkane. Immer mehr Reisende entdecken die sagenumwobene Vulkaninsel am Polarkreis. Kaum eine Landschaft Europas ist so vielfältig und faszinierend wie die Naturkulisse Islands, kaum eine Landschaft so sehr von literarischen Einflüssen »durchdrungen«. Auf sechs Ausflügen lädt der Isländer Arthúr Björgvin Bollason ein, seine Heimat zu entdecken. Es geht durch die Hauptstadt Reykjavík, die sich als aufstrebende junge Metropole mit einer lebendigen und weltbekannten Kulturszene präsentiert, und zu den beeindruckenden Naturbühnen rund um die Insel – zu heißen Quellen und Wasserfällen, zu Seen und Fjorden, durch Lava- und Wüstenlandschaften. Der Autor führt uns zu den Schauplätzen der berühmten Isländersagas und der Werke von einheimischen und internationalen Autoren wie Literaturnobelpreisträger Halldór Laxness, Snorri Sturluson, Jón »Nonni« Svensson und Jules Verne.

insel taschenbuch 3341
Island

Arthúr Björgvin Bollason

Island

Ein Reisebegleiter

Mit farbigen Fotografien
und Karten **Insel Verlag**

Seite 4: Ausbruch des gefürchteten Vulkans Hekla im Jahr 2000

Die Eigennamen in diesem Band folgen der isländischen Schreibweise, d. h. im Nominativ werden Endungen auf -ur sowie Doppelungen der Schluß-konsonanten beibehalten.

insel taschenbuch 3341
Originalausgabe
Erste Auflage 2008
© Insel Verlag Frankfurt am Main und Leipzig 2008
Alle Rechte vorbehalten, insbesondere das der Übersetzung,
des öffentlichen Vortrags sowie der Übertragung
durch Rundfunk und Fernsehen, auch einzelner Teile.
Kein Teil des Werkes darf in irgendeiner Form
(durch Fotografie, Mikrofilm oder andere Verfahren)
ohne schriftliche Genehmigung des Verlages reproduziert
oder unter Verwendung elektronischer Systeme verarbeitet,
vervielfältigt oder verbreitet werden.
Textnachweise am Schluß des Bandes
Vertrieb durch den Suhrkamp Taschenbuch Verlag
Umschlag: Elke Dörr
Satz: Hümmer GmbH, Waldbüttelbrunn
Druck: Druckhaus Nomos, Sinzheim
Printed in Germany
ISBN 978-3-458-35041-5

2 3 4 5 6 7 – 14 13 12 11 10 09

Inhalt

Landkarte Island   10/11

Vorwort   12

1. In der Hauptstadt Reykjavík Stadtteich – Alter Friedhof – Universität – Reykjavík-Gymnasium – Stadtgefängnis – Hallgrímskirkja – Norðurmýrin – Melar   15

2. An der Südküste entlang durch Wüsten- und Gletscherlandschaften Geysir – Hlíðarendi – Keldur – Ruinen von Hrappsstaðir – Paradísarhellir – Hof Stóra Borg – Hof Steinar – Vík – Mýrdalssandur – Þykkvabær – Kirkjubæjarklaustur – Skeiðarársandur – Nationalpark Skaftafell – Breiðamerkursandur – Þórbergs-Zentrum – Sænautasel mit Heimatmuseum   39

3. Durch den Norden – von Europas größtem Wasserfall über den Mückensee und Akureyri zum Skagafjörður Dettifoss – Askja – Herðubreið – Nýja hraun – Mývatn – Hof Skútustaðir – Goðafoss – Bárðardalur – Hrisey – Akureyri – Hörgárdalur – Öxnadalur – Drangey – Hof Reykir   91

4. Durch die einsamen Fjorde im Nordwesten Borðeyri – Hólmavík – Ísafjörður – Kirche von Eyri – Þingeyri – Dynjandi – Geirþjófsfjörður   137

5. Rund um die Halbinsel Snæfellsnes Stykkishólmur – Helgafell – Eiríksstaðir in Haukadalur – Flatey – Ólafsvík – Snæfellsjökull – Hellnar   154

6. Historische Ziele im Südwesten Hvalfjörður – Kirche von
Saurbær – Borgarnes – Landnahmezentrum – Reykholt – Hraunfossar – Þingvellir   189

Serviceteil   212
Quellenverzeichnis   219
Abbildungsnachweise   223

Der Fluß Skaftá in der »Feuerlava«

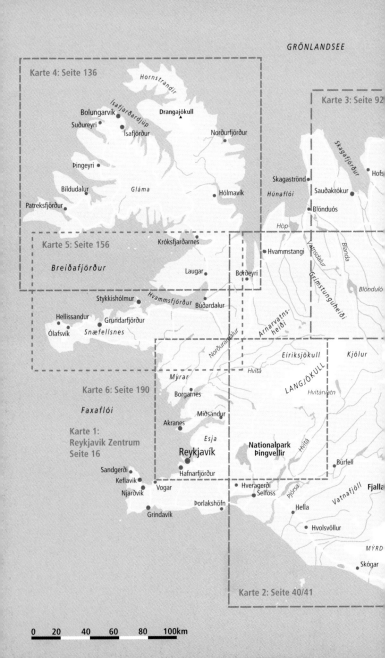

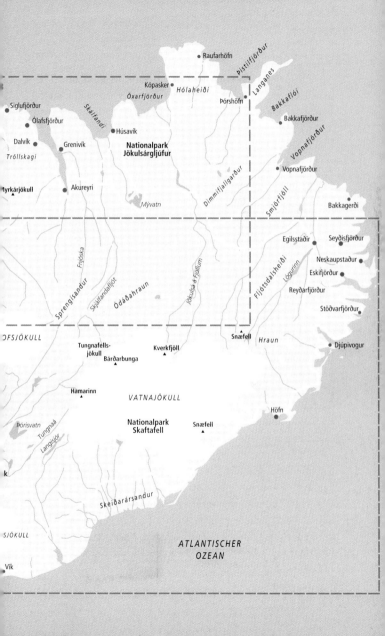

Vorwort

Als ich vor einigen Jahren an einem Sammelband zum Thema »Ethnographische Landschaften im Norden der Welt« beteiligt war, der vom Smithsonian Institut in Washington herausgegeben wurde, lernte ich den russischen Anthropologen Igor Krupnik kennen. Er war viel durch die Welt gereist, um interessante Geschichten, die mit Landschaften verbunden sind, aufzuspüren und zu sammeln. Krupnik ließ mich wissen, daß Island in dieser Hinsicht einmalig sei. Während man in anderen Ländern einige Stunden von einem geschichtsträchtigen Ort zum anderen fahren müsse, seien es in Island nur wenige Minuten. So ein dichtes Netz von »ethnographischen«, mit Literatur verbundenen Landschaften habe er nirgendwo anders auf der Welt kennengelernt. Die Worte des russischen Anthropologen kamen mir oft in den Sinn, als ich den vorliegenden Reisebegleiter durch die »literarische Landschaft« meines Heimatlandes vorbereitete.

Eine Reise nach Island ist immer eine »Wallfahrt zur Literatur«, wie es der dänische Autor Paul Vad einmal ausdrückte. Der isländische Nobelpreisträger Halldór Laxness hat das gleiche zum Ausdruck gebracht, als er in einem Artikel schrieb, die isländische Landschaft sei »von Literatur durchdrungen«. Nach Laxness' Worten bewegt man sich in Island immer »im Sagaraum«. Jeder Fjord, jedes Tal, jeder Fluß und jede Wüste – alles ist mit den mittelalterlichen Sagas verbunden.

Die Sagas haben unbekannte Autoren im 13. und 14. Jahrhundert auf der fernen Insel am nördlichen Rande der Welt mit Federkielen und Tinte aus Blättern der Bärentraube auf Kalbshaut geschrieben. Für die größten Manuskripte mußten über hundert Kälber ihre Haut hergeben. Die Geschichten handeln in der Regel vom Leben der Vorfahren der Schreiber, zur Gründerzeit des altisländischen Freistaates im 10. und 11. Jahrhundert. Auch wenn sie in erster Linie Dichtungen sind, geht es dabei in den meisten Fällen um reale Personen und Ereignisse, die sich in Wirklichkeit zugetragen haben.

Die Isländersagas sind, neben den Romanen von Halldór Laxness, Islands wichtigster Beitrag zur Weltliteratur. Daher spielen sowohl die Sagas als auch Laxness' Romane im vorliegenden Band eine bedeutende Rolle. Es ging mir aber auch darum, den Leser auf die Spuren anderer, außerhalb Islands weniger bekannter Autoren zu führen. Da es in Island eine äußerst rege literarische Szene gibt, mußten solche literarische Exkursionen jedoch in Grenzen gehalten werden. Wenn man durch ein Land reist, in dem man alle paar Minuten an Schauplätzen literarischer Ereignisse vorbeifährt, muß man einfach vieles weglassen. Der vorliegende Reisebegleiter zielt also nicht auf Vollständigkeit. Es geht vielmehr darum, dem Leser Einblicke zu gewähren in die unsichtbare Welt, die Autoren seit Jahrhunderten in die faszinierenden Landschaften Islands »hineingedichtet« haben. Der Text soll dem Leser dazu dienen, Zugang zu dieser verborgenen Dimension der Landschaft zu finden, um sie noch »tiefer« und intensiver genießen zu können.

Das gilt freilich nicht nur für die freie Natur, auch die urbane Landschaft der Hauptstadt Reykjavík bekommt hier einen gebührenden Platz. Die nördlichste Metropole der Welt mit ihren vielen geothermalen »Power-Quellen« hat sich innerhalb eines Jahrhunderts aus einem kleinen verstaubten Dorf zu einer lebhaften und äußerst dynamischen Stadt entwickelt. In Reykjavík gibt es inzwischen zahlreiche namhafte Autoren, die ihre Stadt zum Schauplatz ihrer Romane gemacht haben. Einige von ihnen finden auch in diesem Band Erwähnung.

Halldór Laxness, der »große Meister« der isländischen Literatur, hat einmal ein für seine vulkanische Heimat im Norden zutreffendes Bild verwendet, indem er schrieb: »Das ganze Land bebt von literarischer Überlieferung.« Der vorliegende Band soll dem Leser dazu verhelfen, dieses »Beben« an seiner eigenen Haut zu spüren. Auf sechs Ausflügen entdecken wir dieses farbenfrohe und geheimnisvolle Land: Nach einer Erkundung von Reykjavík geht es an der Südküste entlang durch die Region der *Njáls saga* und durch beeindruckende Gletscher- und Wüstenlandschaften. Im Norden erleben wir Europas größten Wasserfall, die Götterburg auf dem Berg Herðubreið und den wunderschönen Mückensee, und wandeln auf den Spuren des berühmten Kinderbuchautors Nonni in Akureyri, bevor wir in den Westfjorden und auf der Halbinsel Snæfellsnes die spannenden und aufregenden Geschichten der Isländersagas und die Abenteuer Eiríks rauði (Erichs des Roten) und seines Sohnes Leifur, des Entdeckers Amerikas, nacherleben. Eine Fahrt im Südwesten rundet unsere Islandreise ab. Dort geht es zum Hvalfjörður und zum wohl wichtigsten Ort der isländischen Geschichte, nach Þingvellir, wo die Isländer 1944 ihre Unabhängigkeit feierten.

Mein besonderer Dank gilt zum Schluß all den Sagaexperten, die mir auf meinen Reisen durch Island mit Rat und Tat zur Seite standen. Außerdem möchte ich Úlfar Bragason, dem Leiter des Sigurd Nordal-Instituts (»Stofnun Sigurðar Nordals«) in Reykjavík und seinen Mitarbeiterinnen für ihre freundliche Unterstützung bei der Entstehung dieses Buches herzlich danken.

1. In der Hauptstadt Reykjavík

Stadtteich – Alter Friedhof – Universität – Reykjavík-Gymnasium – Stadtgefängnis – Hallgrímskirkja – Norðurmýrin – Melar

Wir beginnen unsere Reise in der isländischen Hauptstadt Reykjavík, die das lebendige kulturelle Zentrum des Landes darstellt. Die heute über 110 000 Einwohner zählende Stadt blickt auf eine lange Geschichte zurück. Seit sich der erste Siedler Islands, Ingolfur Arnarson laut dem *Landnahmebuch* im 9. Jahrhundert hier an der »rauchenden Bucht« niedergelassen hat, hat sich der einst kleine Ort im Lauf der Zeit zu einer Großstadt entwickelt. Vor allem zu Beginn des 20. Jahrhunderts verzeichnete Reykjavík, wo jahrhundertelang nur einige hundert Menschen gelebt hatten, einen Einwohnerzuwachs – es waren bereits um die 5000 Einwohner, die zumeist vom Fischfang lebten. Aus dem kleinen Fischerdorf ist eine pulsierende und ungewöhnliche Metropole geworden. Reykjavík wird mit Recht die »kleinste Großstadt der Welt« genannt. Aber auch wenn die Stadt heute für aufregendes Nachtleben, zahlreiche thermale Freibäder, in denen den Gästen ein erstklassiges Wellnessprogramm geboten wird, und für viele Gourmetrestaurants steht, ist die Innenstadt auch in historischer und literarischer Hinsicht für den Besucher interessant.

Wer heute unter den stattlichen Bäumen an der Tjarnargata, am **Stadtteich** im Zentrum von Reykjavík steht, kann sich nur schwer vorstellen, wie es hier vor hundert Jahren ausgesehen hat. Damals stand in der Nähe des kleinen Sees, oberhalb des prächtigen Empfangsgebäudes der Regierung, ein ärmliches Gehöft namens **Melkot**, dem der Schriftsteller und Literaturnobelpreisträger Halldór Laxness in seinem Roman *Das Fischkonzert* unter dem Namen

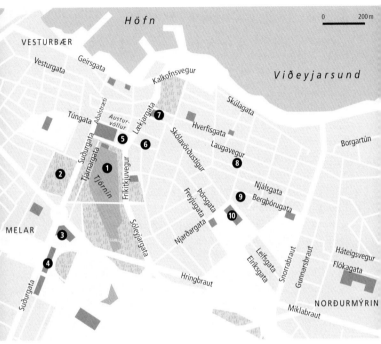

1 *Stadtteich* **2** *Alter Friedhof* **3** *Nationalmuseum* **4** *Universität* **5** *Dom* **6** *Reykjavík-Gymnasium* **7** *Regierungssitz* **8** *»Kaffibarinn«* **9** *Stadtgefängnis* **10** *Hallgrímskirkja*

Brekkukot ein literarisches Denkmal gesetzt hat. Am Anfang des Romans erinnert sich Álfgrímur, der Erzähler, an seine Kindheit am See.

»Um nicht weitschweifig zu werden, will ich nun erzählen, daß südwärts vom Kirchhof unserer künftigen Hauptstadt, dort wo der Hang am Südufer des Teiches allmählich weniger steil wird – und zwar genau an der Stelle, wo Gudmundur Gudmundsen, der Sohn des alten Jón Gudmundsson im Gudmundsenladen, sich später ein prächtiges Haus errichtete –, einst ein kleines, aus Torfwänden zusammengefügtes Anwesen lag, dessen zwei hölzerne Giebel nach Süden blickten, zum Teich hin. Es hieß Brekkukot. Dort wohnte mein Großvater, der selige Björn von Brekkukot – der dann und wann im Frühjahr Seehasen fischte –, zusammen mit seiner Frau, meiner Großmutter, die mir nähergestanden hat als die meisten Frauen, obwohl ich weniger von ihr wußte. Dies kleine Anwesen aus Torf und Erde war unentgeltliche Herberge für jeden, der dort Gast sein wollte.«

Und es waren nicht wenige, welche die Gastfreundschaft von Björn in Brekkukot in Anspruch nahmen. Schließlich waren in jenen Tagen, als Álfgrímur zur Welt kam, viele Leute auf der Flucht. Es gab harte Zeiten auf der Insel. Die Menschen vom Land verließen in Scharen ihre Höfe, um verheerenden Vulkanausbrüchen und eisigen Winterstürmen zu entkommen. Sie suchten Zuflucht in dem kleinen Ort, der sich um den Teich gebildet hatte. Wer da keine Arbeit fand, bestieg ein Schiff und fuhr nach Amerika.

Álfgríms Mutter ist einer dieser Flüchtlinge aus der Provinz. Während sie auf ihr Schiff nach Amerika wartet, findet sie Obdach in Brekkukot und bringt dort ihren Sohn zur Welt. Als sie nach Amerika geht, läßt sie den Säugling auf dem Hof zurück.

Der Junge wächst dort in äußerst einfachen Verhältnissen

auf. An Unterhaltung gibt es für die Kinder des Hofes nicht sehr viel. In der Stube von Brekkukot steht eine alte Kastenuhr, die für Álfgrímur magische Anziehungskraft besitzt. Mit ihrem Ticken und ihrem hellen Stundenschlag beflügelt diese einhundertfünfzig Jahre alte schottische Uhr die Phantasie des armen, kleinen Waisenknaben:

»Sie tickte langsam und würdig, und ich ahnte schon früh, daß es keinen Zweck hatte, sich um andere Uhren zu scheren. Die Uhren anderer Leute kamen mir im Vergleich mit dieser Uhr vor wie Säuglinge. Die Sekunden der Uhren anderer Leute waren wie haspelnde Insekten, die mit sich selber um die Wette rannten, aber die Sekunden in dem unvergleichlichen Uhrwerk bei Großvater und Großmutter waren wie Kühe und bewegten sich so bedächtig, wie man sich überhaupt bewegen kann, ohne ganz stehenzubleiben.«

Heute können Gäste diese Kastenuhr in Halldór Laxness' ehemaligem Wohnhaus »Gljúfrasteinn« besichtigen, das nach seinem Tod in ein Museum umgewandelt wurde.

Seit der Zeit von Álfgríms Kindheit sind viele Flüsse ins Meer geflossen – wie es in einer isländischen Redewendung heißt. Und die Stadt ist weiter gewachsen. Ein stiller Zeuge dieses schnellen Wachstums in den vergangenen zwei Jahrhunderten ist der **Alte Friedhof** in unmittelbarer Nähe von Melkot. Der Friedhof wurde 1838 eingeweiht. Hier fanden bis zum Jahr 1932 die Stadtbewohner von Reykjavík ihre letzte Ruhestätte. Dann waren alle Gräber des Friedhofs belegt. Ab den dreißiger Jahren wurde hier daher niemand mehr beerdigt, es sei denn, er hatte einen Platz im Familiengrab.

Der Alte Friedhof ist für isländische Verhältnisse außerordentlich grün bewachsen. Die Stille und die Abgeschiedenheit machten ihn von jeher zu einem beliebten Zufluchtsort junger Paare, die allein sein wollten. Verzierte Grabsteine und schöne Denkmäler erinnern hier an herausragende Persönlichkeiten der isländischen Geschichte, so z. B. der feierlich ausgestattete Grabstein des Nationalhelden Jón Sigurðsson, der im 19. Jahrhundert beim Streben nach der Unabhängigkeit des Landes Maßgebliches geleistet hat. Und ausgerechnet vor seinem Grab wird in Arnaldur Indriðasons Krimi *Todesrosen* die Leiche einer jungen Frau gefunden, und zwar von einem Pärchen, das sich nach einem Ball in die Einsamkeit des Friedhofs zurückgezogen hat. Während sich die jungen Leute zwischen den Gräbern miteinander vergnügen, wird ihnen langsam klar, daß sie auf dem Friedhof nicht ganz allein sind. Bei genauerem Hinsehen merken sie aber, daß die junge Frau, die ihnen Gesellschaft leistet, tot ist.

»Das Mädchen lag auf dem Grab des isländischen Freiheitskämpfers und Wegbereiters der Unabhängigkeit. Die Grabstätte war umzäunt mit einem niedrigen kleinen Gitter, und das Grabmal bestand aus einer drei Meter hohen Stele aus bräunlichem Marmor. Mitten darauf war eine Platte mit Jón Sigurðsson im Profil. Ihm kam es so vor, als schiele er verächtlich zu ihnen herunter. Die Friedhofsverwaltung war für die Grabpflege und die Blumenbepflanzung zuständig, und so kurz nach dem Nationalfeiertag war der große Kranz, den der isländische Staatspräsident jedes Jahr am 17. Juni dort niederlegte, noch nicht entfernt worden. Das Mädchen lag nackt und weiß im Blütenmeer. Ein leichter Geruch von Moder lag in der Luft.«

Wenn man am Alten Friedhof ist, sollte man auch dem **Nationalmuseum** auf der anderen Straßenseite einen Besuch abstatten. Hier kann man in einer hochmodernen multimedialen Ausstellung einen interessanten Streifzug durch die elfhundertjährige Geschichte der Isländer unternehmen. Südlich des Nationalmuseums steht das 1940 gebaute

Blick auf Reykjavík mit dem Hafen im Hintergrund

Hauptgebäude der **Universität**. Dieses Gebäude, wie so viele andere aus dieser Zeit vom damaligen Staatsarchitekten Guðjón Samúelsson entworfen, taucht in Einar Már Guðmundssons preisgekröntem Roman *Engel des Universums* auf. In Guðmundssons tragikomischer Erzählung geht es um das Schicksal eines jungen Mannes, der nach und nach in die dunkle Welt der geistigen Umnachtung abdriftet. Auch wenn das Thema alles andere als lustig ist, versteht es der Autor, die Hauptperson und seine Leidensgenossen mit viel schwarzem Humor darzustellen, der aber nicht geschmacklos wirkt.

Einmal geht der Kranke mit seinen Freunden zur Universitätsverwaltung, um sich dort in seriösem Ton nach einer mysteriösen Doktorarbeit zu erkundigen, die es in Wirklichkeit nie gegeben hat. An anderer Stelle im Roman sind die drei geistig Kranken nochmals in der Gegend unterwegs. Diesmal steuern sie allerdings das große Hotel Saga an, das sich ein Stück westlich von der Universität erhebt und schon von weitem zu sehen ist.

»Wir gehen die Bankastræti hinunter, die Lækjargata entlang, durch den Park um den Konzertpavillion, über die Hringbraut und durch die Allee an der Universität, beinah denselben Weg wie damals, als wir uns nach der Doktorarbeit erkundigen wollten.«

Die drei haben vor, sich im obersten Stock des Sagahotels in dem stadtbekannten Panorama-Restaurant »Grill« einen schönen Abend zu machen, auch wenn sie keine einzige Krone in der Tasche haben.

In der darauffolgenden Szene lassen sie sich vom Kellner herrschaftlich bedienen. Sie bestellen Hummer und feines Rinderfilet, dazu die edelsten Weine. Nach der Mahlzeit trinken sie Kaffee und Kognak und als Krönung lassen sie sich mit der Rechnung die besten Zigarren bringen.

»Die Zigarren kamen in einer schicken Kiste, riesige Bolzen, an denen wir heftig pafften. Als Viktor die Rechnung öffnete, die zusammengefaltet auf einem kleinen Teller lag, sah ich an der Zahl der Ziffern, daß sie eine Invalidenrente weit überstieg.

Wir waren mit den Zigarren halb fertig und hatten an die fünf Kognaks getrunken, als der Kellner kam und Viktor ihm das Stück Papier überreichte, auf das er irgend etwas gekritzelt hatte, so daß es aussah wie ein ausgefüllter Scheck.

Der Kellner nahm das Papier, als hätte er damit gerechnet, einen Scheck zu sehen. Dann sah ich, wie er erstarrte und mit den Augen rollte. Er drehte sich um und ging mit raschen Schritten in Richtung Küche, das Papier in der Hand. Darauf hatte Viktor geschrieben: ›Wir sind alle Insassen von Kleppur. Seid so freundlich und ruft sofort die Polizei. Das war eine außerordentlich angenehme Mahlzeit.‹«

Kleppur, das sei noch angemerkt, ist die Nervenheilanstalt von Reykjavík.

Vom Nationalmuseum erreicht man nach einem kurzen Spaziergang entlang des Stadtteichs die Innenstadt. Hinter dem großen Gebäude der Heilsarmee beginnt die **Aðalstræti**, eine der ältesten Straßen der Stadt. Am südlichen Ende der Straße, direkt gegenüber der Heilsarmee, befindet sich der Eingang zu einer Ausstellung, die man auf keinen Fall versäumen sollte. Hier machten Archäologen im Jahr 2001 eine sensationelle Entdeckung. Sie gruben die Grundmauern eines alten Gehöfts aus, das möglicherweise Ingolfur Arnarson, dem ersten Siedler der Insel – und damit dem ersten »Isländer« – gehörte. Laut dem *Landnahmebuch* errichtete Ingolfur an dieser Stelle seinen Hof, nachdem seine aus Norwegen mitgebrachten Hochsitzpfeiler in einer »rauchenden Bucht« (Reykjavík) an Land getrieben wurden. Die Göttersymbole hatte er vor seiner Ankunft an der Südostküste Islands ins Meer geworfen und den Göttern versprochen, sich dort niederzulassen, wo sie ans Land treiben würden. Mit Hilfe einer beeindruckenden multimedialen Technik wird der Besucher – rund um die Ruinen – in die Welt der ersten Siedler auf der Insel eingeführt.

Unweit der Aðalstræti liegt der Platz **Austurvöllur**, auf dessen Mitte eine große Statue des Freiheitshelden Jón Sigurðsson in den Himmel ragt. Der Held schaut direkt auf das Parlamentsgebäude aus dem Jahr 1880. Hinter dem Parlament, gegenüber dem kleinen Dom, befindet sich der älteste öffentliche Park der Stadt, der 1893 eröffnet wurde. Der **Dom** (Dómkirkjan) wurde 1769 nach einem schweren Erdbeben im Süden gebaut, nachdem beschlossen worden war, den Bischofssitz von Skálholt in die Hauptstadt zu verlegen. Das Bauwerk wurde 1847 ergänzt und ausgebaut. Auf dem Platz steht auch das Hotel Borg, das 1930 errichtet wurde, um die vielen vornehmen Gäste, die zur tausendjährigen Allthingsfeier anreisten, standesgemäß unterbringen zu können.

Hinter dem Dom kommen wir in die Lækjargata (»Bachstraße«). Wie der Name andeutet, gab es hier früher einen offenen Bach, der neben der Straße vom Stadtteich zum Hafen verlief. Im 19. Jahrhundert diente der Bach zugleich als Kanalisation der Stadt. Als das dörfliche Reykjavík zu wachsen begann, wurde der Gestank des Bachs so stark, daß er 1911 abgedeckt wurde.

Am Hang, oberhalb der Lækjargata, thront das traditionelle **Reykjavík-Gymnasium** (Menntaskólinn í Reykjavík). Das Gebäude wurde im Herbst 1846 als Schule in Betrieb genommen. Im Jahr zuvor tagte hier zum ersten Mal nach einer fünfzigjährigen Pause das wiedererrichtete isländische Parlament. 1851 wurde in diesem Haus eine in der isländischen Geschichte legendäre Nationalversammlung abgehalten, bei der es zu einer harten Auseinandersetzung mit Vertretern des dänischen Königs kam. Anführer der Isländer bei dieser Versammlung war, wie so oft, »Präsident« Jón Sigurðsson.

Über hundert Jahre nach diesen Ereignissen drückte die Schriftstellerin Steinunn Sigurðardóttir die Schulbank des Reykjavík-Gymnasiums. In ihrem Roman *Der Zeitdieb*, der später verfilmt wurde, arbeitet Alda, die Hauptperson der Handlung, als Deutschlehrerin an der Schule. Eines Tages erscheint sie voller Liebeskummer beim Unterricht. Sich auf den Inhalt des Unterrichts zu konzentrieren fällt ihr in diesem Zustand sichtlich schwer. Kurz zuvor war sie aus dem Lehrerzimmer auf die Lækjargata gerannt, um einem Kind seinen verlorengegangenen Luftballon zurückzuholen.

»Unterrichten ist wohl einer der schlimmsten Erwerbszweige für jemanden, der nicht ganz im Gleichgewicht ist. Eine Frau mittleren Alters mit Liebeskummer müßte den Beruf wechseln können. Alda O. Ivarsen Telefonistin. Stenotypistin. Arzthelferin. Sie schauen mich argwöhnisch an. Verflixte Bengel. Die Klassenfenster gehen auf die Lækjargata hinaus. Wer weiß, ob sie nicht am Fenster gestanden und gegafft haben. Ja, ganz bestimmt. Die hochhackige Alda prescht im engen Rock und mit flatternder Strickjacke hinter einem roten Luftballon her, das braune aufgesteckte Haar in Auflösung. Prädestiniert zur Ophelia. Braunes Haar und grüne Augen sind eine äußerst seltene Kombination. Zumindest hierzulande. Macht euch einmal klar, ihr Armleuchter, was für ein Juwel ich bin. Der minderbegabte Gunnar, Redakteur der Schülerzeitung, sagt während dieser Stunde in einem kurzen Dialog zu seiner Lehrerin: Nicht eine Ahnung.

Ich raste aus. Da unterrichtet man jemanden drei Jahre lang, und er kann noch nicht einmal ›Keine Ahnung‹ sagen.

Nicht eine Ahnung. Nach drei Jahren. Wozu machen wir uns eigentlich die Mühe?«

Ganz in der Nähe des alten Gymnasiums steht der **Regierungssitz** des Ministerpräsidenten. Auch in diesem Haus ging es nicht immer mit rechten Dingen zu. 1770 gebaut, diente es die ersten fünfzig Jahre als Gefängnis für Kriminelle, die nicht nach Dänemark deportiert wurden, wie es zu Kolonialzeiten sonst üblich war. 1820 wurde das Haus zur Residenz des dänischen Gouverneurs umgewandelt, 1904 zog hier der erste einheimische Minister, der Dichter und Politiker Hannes Hafstein, ein. Eine Statue vor dem Haus erinnert an ihn. Auf der anderen Seite des Eingangs steht eine Statue des dänischen Königs Christian IX., der den Isländern 1874 nach jahrhundertelanger Kolonisation die erste Staatsverfassung übergab. Aufgrund der Geschichte des Hauses gab es immer wieder Gerüchte, daß es im Regierungsgebäude spuken würde. Auf diese Gerüchte spielt Einar Kárason in seinem Roman *Nordlicht* an. Darin geht es um die Geschichte eines glücklosen jungen Mannes, der im 18. Jahrhundert gelebt und eine Zeitlang im Gefängnis gesessen hat, sowohl in Island als auch in Dänemark. Er ist als Gespenst in die Gegenwart zurückgekehrt und hat sich im Regierungsgebäude häuslich eingerichtet.

»Ich bin immer noch in diesem Haus, das ich vor mehr als zweihundert Jahren mitgebaut habe . . . Es ist manchmal allerhand los hier im Haus, denn obwohl wir es damals für uns als Gefängnis gebaut haben, ist hier jetzt die Regierung zu Hause, und die mächtigsten Männer des Landes beraten hier über das Schicksal der Menschen. Manchmal herrscht viel Aufregung, und andächtige Männer warten hier auf der Treppe und im Foyer und murmeln etwas über große und historische Ereignisse, oder sogar große und sehr ernsthafte Vorkommnisse ...«

Weniger gespenstisch geht es am Abend in der Kneipe **»Kaffibarinn«** zu, die sich am Anfang der Bergstaðastræti in einem kleinen Haus mit roter Wellblechfassade befindet. In diesem Treffpunkt für junge Leute, wo die weltberühmte Sängerin Björk gelegentlich gesichtet wird, spielen Passagen des Kultromans *101 Reykjavík* von Hallgrímur Helgason, der im Jahr 2000 verfilmt wurde. Die Hauptperson in dem Roman ist ein junger Mann, der in »101«, dem Zentrum der isländischen Hauptstadt wohnt und in einer tiefen persönlichen Krise steckt. Um sich selbst und seine Sorgen zu vergessen, flieht er immer wieder in das Gedränge der engen Kneipe am Stadtgefängnis.

»Ich mag die K-Bar, weil es so voll ist und die Musik so laut. Man braucht weder zu tanzen noch zu reden. Wir sitzen. Scream. Maicool Dschäcksn. Und Dschänet (3 500 000). Ich begucke mir den Laden. Er guckt zurück. Da ist Hertha Berlin (150 Kronen, d. h. ein Busfahrschein weniger). Sie will sich zu uns setzen. O nein, laß diesen Kelch an uns vorübergehen! Sie zwängt sich auf den Tisch und stößt die orangerote Strumpfhose rüde mit den Ellenbogen beiseite. Die beiden Küken fallen beinah auf Þröstur und können sich gerade noch an der Wand abstützen. Sie sind noch zu unerfahrene Fohlen, um Hertha einen Tritt zu geben, und wechseln lieber den Tisch.«

Wenn wir von der Kaffibarinn aus die Straße hochgehen, kommen wir in die Straße Skólavörðustígur mit dem **Stadtgefängnis**. Olaf Gunnarssons Roman *Niemand wie ich* ist eine beeindruckende Familientragödie, die im Reykjavík der Nachkriegsjahre spielt. Im Mittelpunkt der Handlung steht der Architekt Sigurbjörn, der große Träume von monumentalen Gebäuden in der nördlichen Metropole hat. Durch tragische Umstände gerät er jedoch auf die schiefe Bahn – und landet vorübergehend im Stadtgefängnis in der Skólavörðustígur. Hier besucht ihn regelmäßig seine Frau. Nach einem solchen Besuch hat sie vor dem Gefängnis eine flüchtige Traumvision.

»Als sie neben dem Auto stand, sah sie den Skólavörðustígur hinauf. Für einen Augenblick meinte sie, das Portal und die Türme der isländischen Sagrada Familia vor sich zu sehen. Die Öffnungen der Glockentürme erinnerten an dunkle Höhlengänge hoch oben in den Felsen.«

Die Vision der Frau steht in Zusammenhang mit dem geplatzten Traum des Architekten, auf der Anhöhe am Ende der Skólavörðustígur eine gewaltige Kathedrale bauen zu lassen, deren Türme 283 Meter in den Himmel ragen sollen. Mit Ironie skizziert er in einem Café in Dänemark für seine Mutter dieses monumentale Bauwerk, die isländische Sagrada Familia. So wie die unvollendete Basilika von Gaudi in Barcelona, deren Bau 1882 begann, solle auch dieses Bauwerk in Zukunft viele Touristen nach Reykjavík locken.

»Keiner der großen Sakralbauten Europas läßt sich in wenigen Worten beschreiben. Oft sind sie das Werk mehrerer Baumeister, und es dauerte Jahrhunderte, sie zu vollenden. Wohin führt der Weg die Menschen, wenn sie nach Rom kommen? Zum Petersdom. Was wollen die Menschen in Paris vor allem sehen? Notre Dame. Laßt uns im Herzen von Reykjavík auf der Anhöhe von Skólavörðuhæð eine Kirche errichten, die zu sehen die Menschen künftiger Jahrhunderte nach Island kommen werden. Die beherrschende Idee ist, daß die Kirche in die Höhe ragt wie ein

Berg, der sich emporhebt, wenn zwei Erdplatten gewaltsam aufeinanderstoßen. Ringsherum sollen auf Absätzen Heiligenfiguren stehen, und über dem Eingang wird natürlich die Heilige Familie thronen: Joseph und Maria mit ihrem Kind.«

Wenn man heute die Skólavörðustígur hinaufschaut, sieht man zwar keine Sagrada Familia, aber eine für isländische Verhältnisse doch recht große Kathedrale, auch wenn sie nur einen Turm hat und nicht 18 wie Gaudís Meisterwerk. Der Turm der **Hallgrímskirkja** (»Hallgrimskirche«) ragt auch keine 283 Meter in den Himmel, wie in der Skizze des Architekten im Roman, sondern lediglich 74 Meter hoch – immerhin das vierthöchste Bauwerk Islands.

Die Hallgrímskirkja ist dem in Island bekannten religiösen Dichter und Prediger Hallgrímur Pétursson aus dem 17. Jahrhundert gewidmet. Sie wurde 1986 vollendet und erhielt 1992 eine neue beeindruckende Orgel, die von dem Bonner Orgelbauer Johannes Klais angefertigt wurde. Die Orgel ist mit 15 Metern Höhe und 5275 Pfeifen das weitaus größte Instrument seiner Art in Island. Die Hallgrímskirkja wird nicht nur für religiöse Zeremonien benutzt, sondern ist auch ein beliebter Konzertsaal. Besonders populär sind die Weihnachtskonzerte, die jedes Jahr während der Adventszeit veranstaltet werden.

Die Anhöhe, auf der die Hallgrímskirkja steht, heißt **Skólavörðuholt** – benannt nach einer »Warte«, die einige Schüler aus der Hólavalla-Schule im Norden Islands 1790 an dieser Stelle aus Steinen errichteten und die bis ins 20. Jahrhundert als Treffpunkt von Schülern diente. Bis zum Anfang des 20. Jahrhunderts war an der Ecke Eiríksgata und Njarðargata ein Grabhügel (Dys) sichtbar, unter dem die irdischen Überreste einer glücklosen Frau aus dem Nordwesten begraben lagen.

Das Wahrzeichen der isländischen Metropole: die Hallgrímskirkja

Und das war ihre Geschichte: Am Anfang des 19. Jahrhunderts wohnten zwei Ehepaare auf dem abgelegenen Hof Sjöundá in den Nordwestfjorden. Im Jahr 1802 kamen sowohl eine der beiden Ehefrauen als auch einer der beiden Ehemänner auf mysteriöse Weise ums Leben. Bald wurden die beiden Hinterbliebenen, Steinunn und Bjarni, des Mordes an ihren Ehepartnern verdächtigt. Es stellte sich nämlich heraus, daß die beiden eine Liebesbeziehung unterhielten. Sie kamen vor Gericht und wurden wegen Mordes zum Tode verurteilt. 1805 wurde das Urteil noch vom dänischen König bestätigt. Daraufhin wurde Bjarni nach Norwegen gebracht und dort hingerichtet. Seine Komplizin Steinunn ist aber noch vor der Vollstreckung des Urteils im alten Zuchthaus, dem heutigen Regierungsgebäude, mit nur sechsunddreißig Jahren gestorben. Ihre Mitgefangenen wurden damit beauftragt, die Leiche in einem Steinhügelgrab auf der Anhöhe Skólavörðuholt zu bestatten.

Der in der ersten Hälfte des 20. Jahrhunderts in Deutschland viel gelesene Autor Gunnar Gunnarsson schrieb einen seiner bekanntesten Romane über diese Mordaffäre. Im letzten Teil des Romans *Svartfugl* (»Schwarze Schwingen«) kommt das Steinhügelgrab auf Skólavörðuholt vor. Der Erzähler, ein Kaplan aus der Region, aus der die beiden Verurteilten stammen, reitet in die Stadt, um mit Bjarni zu sprechen, den er seit zwei Jahren nicht mehr gesehen hat. Soweit er weiß, werden dieser und Steinunn noch im Stadtgefängnis gefangengehalten.

»Gerade bevor ich unsere Hauptstadt erreichte, sah ich einige Leute, die vor mir herritten, von den Pferden sprangen und jeder einen Stein auf einen frischen Steinhaufen warfen. Als ich gleich darauf auch dort ankam, tat ich desgleichen.«

Der Kaplan ahnt nicht, auf wessen Grabhügel er einen Stein

geworfen hat. Erst als er Bjarni, den Gefangenen, trifft, erfährt er die Wahrheit.

»Ich fragte, wo Steinunn sei.

›Steinunn – weißt du das nicht? ... Sie ist tot. Bist du nicht auf dem Weg an einem Steinhaufen vorbeigekommen?‹

›Doch ... Und ich habe selbst einen Stein hingeworfen.‹

›Du konntest ja nicht wissen, wessen Haufen es war ... Er hat übrigens schon einen Namen bekommen ... Die Leute nennen ihn den Steinkahaufen.‹«

Als 1913 damit begonnen wurde, Steinblöcke für den Bau des Hafens von der Anhöhe zum Meer hinunterzutransportieren, fand man in dem Steinkudys (»Steinkugrab«) einen Sarg mit Knochenresten. Diese Überreste der Mörderin von Sjöundá, die angeblich mit sechsunddreißig Jahren aus Angst vor der bevorstehenden Hinrichtung starb, wurden dann auf den Alten Friedhof im Westen der Stadt umgebettet.

Vor dem Eingang der Hallgrímskirkja steht die große **Statue des Wikingers Leifur Eiríksson**, der laut alten Schriften im Jahr 1000 von Grönland aus den nordamerikanischen Kontinent entdeckte. Leifur Eiríksson werden wir bei der fünften Rundfahrt noch genauer kennenlernen. Das Denkmal ist ein Geschenk der Regierung der Vereinigten Staaten, die es den Isländern anläßlich der Tausendjahrfeier ihres Parlaments im Jahr 1930 zukommen ließ. Mit diesem Geschenk sollte die große Leistung des Entdeckers der »Neuen Welt« gewürdigt werden. Die Statue von Leifur Eiríksson befindet sich genau an der Stelle, wo einst die »Schülerwarte« stand.

Lange war umstritten, ob die Berichte der sogenannten *Vinland saga*s über die Entdeckung Amerikas auf Wahrheit beruhen. Heute gehen die meisten Forscher davon aus, daß die Fakten stimmen. In der *Grönländer Saga* wird über die

Ankunft von Leifur Eiríksson und seinen Leuten auf dem bis dahin unbekannten Kontinent im Westen berichtet. An der Seite von Leifur war auch ein Deutscher unter den Pionieren:

»An einem Abend trug es sich zu, daß ein Mann aus ihrer Gruppe vermißt wurde, und das war Tyrkir, der Deutsche. Für Leif war dies ein so großes Unglück, weil Tyrkir lange bei ihm und seinem Vater gewesen war, und er Leif in dessen Kindheit sehr geliebt hatte. Leif machte seinen Fahrtgenossen starke Vorhaltungen und ging mit zwölf Mann los, ihn zu suchen. Als sie aber nur wenig vom Haus entfernt waren, kam ihnen Tyrkir entgegen und wurde freudig empfangen. Leif merkte bald, daß sein Ziehvater angeheitert war. Er war flachgesichtig, hatte unstete Augen, ein durchschnittliches Gewicht, war klein gewachsen und unansehnlich, aber in Kunstfertigkeiten aller Art war er ein geübter Mann.

Da sagte Leif zu ihm: ›Warum bist du so spät dran, Ziehvater, und warum trenntest du dich von den Gefährten?‹ Zuerst sprach er lange Deutsch, rollte die Augen und verzog das Gesicht, aber sie verstanden nicht, was er sagte. Dann sagte er auf Nordisch, nachdem eine Weile vergangen war: ›Viel weiter als ihr bin ich nicht gegangen. Eine Neuigkeit kann ich erzählen: ich fand Weinstöcke und Weinbeeren.‹

›Ist das wahr, Ziehvater?‹ fragte Leif.

›Sicher ist das wahr‹, antwortete er, ›weil ich doch dort geboren bin, wo es weder an Weinstöcken noch an Weinbeeren mangelt.‹ «

Wenn wir uns die Straßennamen in unmittelbarer Nähe des Denkmals von Leifur Eiríksson anschauen, stellen wir fest, daß die mittelalterliche Literatur der Isländer überall präsent ist. Zahlreiche Straßen, die von der Anhöhe Richtung

Süden hinunterführen, tragen Namen nordischer Götter, die im Glauben der Wikinger eine wichtige Rolle spielten. Das gilt für Straßen wie Njarðargata, Freyjugata, Urðarstígur, Bragagata, Þórsgata, Lokastígur und Óðinstorg.

In Snorri Sturlusons weltberühmter Schrift *Edda* aus dem 13. Jahrhundert, die als klassische Einführung in die Welt der altnordischen Götter und Helden gilt, werden die alten Götter und ihre Aufgaben beschrieben. Wir werden das Werk bei der sechsten Rundfahrt noch eingehender betrachten. Geht man z. B. die Njarðargata hinunter, ist man auf den Spuren des »Asen« Njörður. Von ihm heißt es in der *Edda*, er habe im Himmel an einem Ort namens Nóatún gewohnt. Zu seinen Aufgaben gehörte es, die Bahn des Windes zu lenken sowie auch das Meer und das Feuer zu beruhigen. Außerdem riefen ihn die Menschen um glückliche Seefahrt und Fischfang an. Das alles sind Dinge, die für das Leben in Island bis zum heutigen Tage von großer Bedeutung sind.

Läuft man von der Anhöhe die Þórsgata zur Stadtmitte hinunter, wandelt man auf den Spuren von Odins Sohn Þór. Er war der stärkste unter allen Göttern und Menschen und wohnte in einem Palast in Þrúðvangur, der mit seinen fünfhundertvierzig Gemächern als das größte Gebäude der Welt galt.

Þórs Fähigkeiten und Waffen sind wundersam: Er besitzt den Hammer Mjölnir. Wenn er mit seinem Wagen, der von zwei Ziegenböcken gezogen wird, über den Himmel reitet und seinen Hammer schwingt, donnert es und die Erde bebt. Zu seinem Besitz gehört auch ein Kraftgürtel. Wer sich diesen anlegt, bekommt doppelte Götterkraft. Þór ist allerdings nicht nur der Gott des Donners, sondern auch der Schutzgott all derer, die sich zum Thing versammeln. Er war der bei weitem populärste Gott der Isländer zur heidnischen Zeit. Heute noch wird Þórs kräftiges Erbe im Land mit beachtlichem Erfolg gepflegt: So stellte Island in vergangenen Jahren immer wieder den stärksten Mann der Welt.

Von Leifur Eiríkssons Statue geht auch die schmale Gasse Lokastígur ab. Kein Wunder, daß Loki im Straßennetz der nordischen Götter nur eine enge Gasse zugeteilt bekommt. Er ist nämlich nicht nur ein Meister der Metamorphose, der sich in einen Fisch, eine Stute und sogar eine alte Frau verwandeln kann, sondern auch der Gott, der mit seinen bösen Taten den Untergang der Welt einleitet. So verführt er mit seiner List den blinden Höður dazu, den geliebten Gott Baldur mit einem Mistelzweig zu töten. Als Strafe für diese böse Tat wird er in einer tiefen Erdhöhle an die Wand gefesselt. Über seinen Kopf wird eine Giftschlange gehängt, damit ihm das Gift ins Gesicht tropfe. Seine treue Frau Sigyn sitzt neben ihm in der Höhle und fängt mit einer Schüssel die Gifttropfen auf. Zwischendurch muß sie aber hinaus, um sie zu leeren. Dann fällt ein Tropfen Gift auf Lokis Gesicht. Er windet sich vor Schmerzen in seinen Ketten so sehr, daß es oben auf der Erde heftige Beben gibt.

Parallel zu Lokastígur und Þórsgata hat auch Freyja, die schönste der Asinnen, ihre Straße in Richtung Stadtteich bekommen. In der *Edda* heißt es, Freyjas Wohnsitz im Himmel heiße Folkvangur. Dort habe sie einen großen und schönen Saal, Sessrumnir, wo sich die Hälfte aller im Kampf gefallenen Krieger nach ihrem Tod versammeln. Die andere Hälfte gehe zu Óðinn. Freyja sei eine große Bewunderin von Liebesliedern, und wer verliebt sei, könne ihre Dienste in Anspruch nehmen.

Wer mit den Liebesdiensten der Freyja nicht zufrieden ist, kann auch zum Stadtteich hinunterlaufen, um zu schauen, ob der große Liebesdichter Jónas Hallgrímsson eher helfen kann. Seine Statue ist ein beliebter Treffpunkt für junge Liebespaare. Das Denkmal des großen Nationaldichters, 1905 vom Bildhauer Einar Jónsson angefertigt, wurde von früheren Abiturienten des Reykjavík-Gymnasiums finanziert.

Von Jónas Hallgrímsson – er wird uns bei der zweiten und dritten Rundfahrt noch einmal begegnen – stammt u. a. eines der schönsten Liebesgedichte der isländischen Sprache, *Ferðalok* (»Ende der Reise«), dessen Schlußzeilen sicherlich in mancher Nacht von verliebten Gymnasiasten auf der Bank am Fuße des Denkmals rezitiert worden sind:

»Der Himmelraum scheidet
Die hohen Welten,
Das Blatt scheidet Rücken und Schneide;
Doch Seelen, die innig
Einander lieben,
Kann keine Ewigkeit scheiden«

Östlich der Anhöhe mit der Hallgrímskirkja liegt das Stadtviertel Nordermoor (**Norðurmýrin**), wie auch der Krimi von Arnaldur Indriðason in der gleichnamigen deutschen Übersetzung heißt. Auch hier spielt die literarische Vergangenheit der Isländer eine prägnante Rolle. Zu Beginn des 20. Jahrhunderts, als Reykjavík noch ein Dorf war, nannte man die große Straße, die am Busbahnhof vorbei in den Westen der Stadt führt, Hringbraut (»Ringstraße«). Wie in manchen europäischen Städten ging man davon aus, daß die Ringstraße künftig um das Städtchen herumführen würde. Gegen Mitte des Jahrhunderts war die Stadt jedoch so schnell gewachsen, daß Hringbraut ihre Funktion als Ringstraße verloren hatte. Östlich der Straße war das neue Viertel Nordermoor entstanden, und im Westen, südlich der Hringbraut, das Viertel **Melar**. Deswegen schlug man vor, den östlichsten Teil der Ringstraße nach dem *Edda*-Verfasser Snorri Sturluson »Snorrabraut« zu nennen.

Bereits zu Beginn des Jahrhunderts hatte man begonnen, die Straßen im schnell anwachsenden Nordermoor nach den Helden der mittelalterlichen Isländersagas zu benennen. So entstanden die Grettisgata und die Njálsgata, nach den Helden der beiden gleichnamigen Sagas, sowie die Bergþórugata, benannt nach der treuen Gattin Njáls. In unmittelbarer Nähe der Njálsgata und Bergþórugata befinden sich zwei kleine Gassen, Kárastígur und Bjarnarstígur, die Kári und Björn aus der *Njáls saga* gewidmet sind. Kári ist Njáls Schwiegersohn und der einzige, dem es gelingt, dem Mordbrand zu entkommen. Später rächt er den Tod seiner Familie und wird dabei von Björn unterstützt, der jedoch alles andere als ein wahrer Held ist. Als es zu einem Nahkampf kommt, versteckt er sich ängstlich hinter Káris Rücken. Wieder zu Hause, zeigt sich Björns Frau skeptisch im Hinblick auf die Tapferkeit ihres Mannes. Um Björn nicht zu blamieren, antwortet Kári der Frau mit den Worten:

»Wer keinen Bruder hat, ist im Rücken bloß und ungeschützt.«

Mit diesen Worten deutet Kári darauf hin, daß ihm Björn Rückendeckung gegeben hat, obwohl dieser in Wirklichkeit nur für sich selber Deckung suchte.

Diese Geschichte spiegelt sich auf interessante Weise in der Anordnung der beiden nach ihnen benannten Gassen wider. So ist Bjarnarstígur noch kleiner und unauffälliger. Tatsächlich waren die Stadtplaner sehr darauf bedacht, daß die Anordnung der Straßen im »Sagaviertel« dem Verhältnis der Sagahelden und Personen untereinander entsprach. Zur Zeit der Anlage des Viertels waren die Sagas eine wichtige »Waffe« im Kampf der Isländer um die Unabhängigkeit. Diese alten Schriften waren nicht nur Zeugnisse einer goldenen Gründerzeit des Volkes, sondern lieferten zugleich auch einen Beweis dafür, daß die Isländer durchaus eine unabhängige Gemeinschaft bilden konnten.

Damals hegte man auch keinen Zweifel am Wahrheitsgehalt der Sagas. So sollten letztlich die Straßennamen die Erinnerung an die glorreiche Vergangenheit Islands aufrechterhalten. Am wichtigsten war in diesem Zusammenhang die *Njáls saga*, denn schließlich war sie den Isländern schon lange besonders ans Herz gewachsen. Daher wurde beschlossen, die unterhalb der Snorrabraut parallel verlaufende lange Straße Gunnarsbraut nach dem beliebten Helden Gunnar in der *Njáls saga* zu benennen. Damit gab man Gunnar im Straßennetz gemäß seiner großen Popularität ein besonderes Gewicht. Wenn man sich den Stadtteil auf der Karte ansieht, wird deutlich, wie die Anordnung der Straßennamen den Handlungsverlauf der *Njáls saga* wiedergibt. Die Ereignisse der Saga werden wir zu einem späteren Zeitpunkt noch kennenlernen.

Gunnars Straße kreuzt die Straße von Njáls Sohn Skarphéðinn. Wir folgen der Gunnarsbraut Richtung Norden und biegen in die Skarphéðinsgata ein. Von hier kann man entweder Njáls Straße oder die seiner Gattin Bergþóra wählen, um dann am Ende in Káris Gasse zu landen. Das entspricht genau dem Verlauf der Saga, ausgehend von Gunnars Geschichte über Skarphéðins Auftritt und den Tod von Njál und Bergþóra bis hin zu Káris Rache.

Genau so wurden auch ein Stückchen weiter östlich die Straßennamen aus der *Laxdæla saga* angelegt. Zwischen Bollagata und Kjartansgata befindet sich Guðrúnargata (»Gudruns Straße«) – schließlich stand sie zwischen beiden Männern und gab uns bis heute Rätsel darüber auf, welchen von den beiden sie mehr liebte, Bolli oder Kjartan. Gudruns berühmte Worte gegen Ende der Saga – »Zu dem war ich am schlimmsten, den ich am meisten liebe« – haben hier auch keine Klarheit schaffen können.

Nördlich der Straßen, deren Namen aus der *Laxdæla saga* stammen, findet man einige Straßen, die nach den ersten Siedlern der Landnahmezeit benannt wurden.

Zwei Straßen erinnern an die beiden Sklaven Vífill und Karli des ersten Isländers Ingólfur Arnarson. Hier befindet sich auch die Straße von Flóki, die an den Wikinger Hrafna-Flóki erinnert. Er kam vor der Besiedelung nach Island und hielt sich für einige Zeit im Land auf, bevor er wieder nach Norwegen zurückkehrte. Westlich der Snorrabraut hat man zwischen Bergþórugata und Hringbraut dem Entdecker Amerikas, Leifur, und seinem Vater Eiríkur, zwei Parallelstraßen gewidmet, um die Stadtbewohner an dieses ruhmreiche Kapitel in der Geschichte zu erinnern.

Es fällt auf, daß es in Nordermoor und seiner Umgebung keine Straße gibt, die nach Gunnars berühmter Gattin Hallgerður aus der *Njáls saga* benannt ist, was die negative Einstellung der Stadtplaner zu Hallgerður ausdrückt: Für ihr Verhalten gegenüber ihrem beliebten Ehemann wurde sie tausend Jahre später bestraft (siehe Rundfahrt 2). Hier nahmen die »literarischen« Stadtplaner Rücksicht auf die Einstellung ihrer Zeitgenossen zu Gunnars unbeliebter Frau und schlossen ihren Namen aus dem Sagaviertel aus. All dies zeigt, wie präsent die Isländersagas und ihre Helden bis zum heutigen Tage im Alltagsleben der Einwohner von Reykjavík sind.

2. An der Südküste entlang durch Wüsten- und Gletscherlandschaften

*Geysir – Hlíðarendi – Keldur – Ruinen von Hrappsstaðir – Para-
dísarhellir – Hof Stóra Borg – Hof Steinar – Vík – Mýrdalssandur –
Þykkvabær – Kirkjubæjarklaustur – Skeiðarársandur – Nationalpark Skaftafell – Breiðamerkursandur – Þórbergs-Zentrum – Sænautasel mit Heimatmuseum*

Geysir – Tatort mit Weltruhm

Die Fahrt durch den Süden Islands beginnen wir am zwei-
fellos berühmtesten Reiseziel des Landes, wie man in jedem Islandbuch nachlesen kann: die Springquelle **Geysir**
im Tal Haukadalur. Die Isländer sind auf sie besonders
stolz, hat doch ihr Name den Weg aus ihrer Sprache in alle
Weltsprachen gefunden. Kein Islandbesucher darf es sich
entgehen lassen, das Gelände mit den vielen kochend heißen Quellen zu besichtigen und die Ausbrüche der lebhaften Springquelle Strokkur (»Butterfaß«) zu erleben. Seit
dem starken Erdbeben im Jahr 2000 bricht auch der Große
Geysir selbst gelegentlich aus, nachdem er in den Jahrzehn-
ten davor weitgehend ruhig gewesen ist.

In vergangenen Zeiten hat man versucht, Kapital aus dieser berühmten Quelle zu schlagen. So berichtet ein deutscher Besucher aus dem 19. Jahrhundert davon, daß er
von dem Bauern am Geysir ordentlich übers Ohr gehauen
wurde: Zu später Stunde kam der arme Mann bei strömen-
dem Regen nach Geysir geritten. Da der Bauer keine Gelegenheit hatte, dem Mann Obdach in seinem Haus zu
gewähren, bot er ihm – für einen anständigen Mietpreis –
ein Zelt für die Nacht an. Als der Besucher in der Nähe
des Hofes das Zelt aufbaute, stellte sich heraus, daß es
leckte. So mußte der deutsche Gast für einen ordentlichen

1 *Geysir* 2 *Hlíðarendi* 3 *Keldur* 4 *Seljalandsfoss* 5 *Stóra Borg* 6 *Steinar* 7 *Vík* 8 *Mýrdalssandur* 9 *Þykkvabær* 10 *Kirkjubæjarklaustur* 11 *Núpsstaður* 12 *Skeiðarársandur* 13 *Nationalpark*

Skaftafell **14** Breiðamerkursandur **15** Þórbergs-Zentrum und Hali **16** Sænautasel mit Heimatmuseum **17** Möðrudalur

Preis im Feuchten übernachten. Am nächsten Morgen, als der Besucher nach dieser unangenehmen Nacht seine Rechnung begleichen wollte, hatte der Bauer noch einen Betrag auf das Rechnungsblatt geschrieben. Es dauerte eine Weile, bis dem Gast klarwurde, daß der Große Geysir in der Nacht zweimal ausgebrochen war – und der Bauer den Gast für die Nähe zu einem solchen Naturspektakel bezahlen lassen wollte. Dabei half es dem Besucher nichts, dem Bauern klarzumachen, daß er von diesen Ausbrüchen bei der Dunkelheit in seinem feuchten Zelt nichts mitbekommen habe!

Trotz seiner großen Berühmtheit hat Geysir nicht viele Spuren in der Weltliteratur zurückgelassen. Zu den wenigen Ausnahmen gehört eine Geschichte der Krimiautorin Regula Venske mit dem Titel *Trolle, Geysire und ein ganz gewöhnlicher Stein*, die in dem Sammelband *Bei Ankunft Mord* erschienen ist. Zwei Brüder, Gunnar und Gísli, streiten sich darin um den Ausbau ihres Bauernhofs in der Nähe der heißen Quellen, den sie von ihrem Vater geerbt haben. Der Streit der Brüder um ihren väterlichen Hof eskaliert, so daß Gunnar schließlich seinen Bruder Gísli umbringt. Nachdem er die Leiche in eine alte Pferdedecke gewickelt hat, bringt er sie mit seinem Jeep in der Nacht zu den heißen Quellen. Mit großer Mühe schleppt er die Leiche seines Bruders zu der berühmten Springquelle:

»Endlich hatte er den Beckenrand des Großen Geysirs erreicht, nach dem die Springquellen in aller Welt ihren Artnamen trugen, auch wenn dieser inzwischen schlappgemacht hatte. Seit Ewigkeiten hatte er sich zu keinem Ausbruch mehr bewegen lassen, da mochte an hohen Feiertagen noch so viel Schmierseife oder Spülmittel hineingekippt werden. Soweit sich Gunnar erinnerte, hatte man sich vor etlichen Jahren, bei einem Besuch der dänischen

Ein weltberühmtes Naturspektakel: Geysir im Süden Islands

Königin, zuletzt darum bemüht, den Vater aller Geysire im wahrsten Wortsinne zu schmieren. Aber erst als die Staatskarossen schon wieder abgefahren waren, schoß eine riesige Wassersäule empor. ›Der Große Geysir geht nicht für jeden hoch‹, hatte man damals gewitzelt und sich seitdem mit dem zuverlässig arbeitenden Strokkur, dem kleinen Butterfaß, zufriedengegeben. Auch jetzt schleuderte Strokkur gerade seine Wassersäule tapfer in den Nachthimmel empor. Heftig nach Luft ringend wartete Gunnar auch noch seinen nächsten Ausbruch ab. Dann schleifte er Gísli über den weißgrauen Sinterkegel des Stóri Geysir und stieß seinen Bruder in den Kessel hinab. Der stürzt glatt bis zum Mittelpunkt der Erde, dachte Gunnar befriedigt. Der taucht so schnell nicht mehr auf!«

Doch Gunnar irrt sich. Am nächsten Abend ist eine Abenteuer-Reisegruppe aus Hildesheim an den Quellen unterwegs. Der Guide erklärt ihnen gerade, daß der Große Geysir seit langem ruhig gewesen sei, als der Boden unter ihren Füßen leicht zu beben beginnt. Kurz danach schießt eine gewaltige Wassersäule aus dem Kessel des Großen Geysirs senkrecht in die Höhe. Es folgen noch zwei Ausbrüche. Bei der letzten, heftigsten Explosion werden einige große Brokken mit in die Höhe geschleudert. Mit Grausen erkennen die Touristen aus Hildesheim, daß darunter auch Überreste eines Menschen sind! So wird der Bauernmörder am Geysir entdeckt und schließlich überführt.

Die Lieblingshelden der Isländer

Nach diesem etwas makabren Ausflug zum weltberühmten Geysir setzen wir die Fahrt durch den Süden über die Ringstraße fort und fahren durch die sehenswerten Flußlandschaften um Selfoss und Hella. In den fruchtbaren Niederungen, die sich für Viehzucht und Landwirtschaft bestens eignen, kann man mitunter auch die berühmten Islandpferde zu Gesicht bekommen. In Hvolsvöllur nehmen wir die Abzweigung landeinwärts und kommen nach einigen Kilometern nach **Hlíðarendi**, dem Heimatort des Helden Gunnar aus der *Njáls saga*.

»Wir Isländer haben keine Nationalhelden, die mit Schwert oder einem Gewehr für unser Volk oder dessen Freiheit, Unabhängigkeit oder Recht gekämpft haben. Der Bischof Jón Arason muß wohl eher als religiöser Held gesehen werden – falls er es überhaupt verdient, ein Held genannt zu werden. Aber wir haben zumindest einen Lieblingshelden, und er heißt Gunnar von Hlíðarendi. An seiner Seite haben alle Jugendlichen dieses Landes, welche die Sagas überhaupt gelesen haben, im Traum gekämpft und sich verteidigt, das Schwert mit ihm geschwungen, mit seinem Bogen geschossen, die Hellebarde singen gehört, seine Siege mitgefeiert und um seinen Tod getrauert. Eine siebzigjährige Dame hat mir vor kurzem anvertraut, daß sie als junge Frau in Gunnar verliebt war.«

Diese Worte stammen aus einem Artikel des Isländers Sigurdur Guðmundsson, den er in der Kulturzeitschrift *Skirnir* veröffentlichte – im Jahr 1918, als die Isländer sich allmählich von ihren dänischen Kolonialherren lösten. Am 1. Dezember 1918 wurde der erste Schritt in diese Richtung juristisch vollzogen, obwohl der König von Dänemark zunächst noch König von Island blieb. Erst am 17. Juni 1944 wurde dann der Befreiungsprozeß vollendet, als in Þingvellir, dem alten Thingplatz der Wikinger im Süden, die neue Isländische Republik ausgerufen wurde (siehe Rundfahrt 6).

In diesen kämpferischen Zeiten war es nicht verwunderlich, daß sich die Isländer auf ihre nationalen Wurzeln besannen. Die Sagas waren dabei ohne Zweifel ein wichtiges Mittel zur Stiftung einer nationalen Identität. Sie legten Zeugnis ab über das »goldene Zeitalter« des alten Freistaates, der im Jahr 930 von den Wikingern unter den steilen Felsen der Spalte Almannagjá am Ufer des Þingvalla-Sees gegründet wurde.

Abgesehen von dieser politisch bedingten Aufwertung der alten Sagaliteratur waren die Helden der *Njáls saga*, allen voran Gunnar von Hlíðarendi, bei den Isländern schon immer populär. Halldór Laxness hat einmal zu erklären versucht, warum diese Saga jahrhundertelang eine Lieblingslektüre der Isländer war. Das sei weder, so Laxness, auf die Philosophie der Erzählung noch auf ihren historischen Gehalt zurückzuführen. Die Gründe seien vielmehr der Stil, in dem die *Njáls saga* geschrieben wurde, die Sprache, die Personenbeschreibungen und die Dialoge sowie auch der spannende Verlauf der Ereignisse. Laxness fügt hinzu, daß die große Wirkung des Buches auf die Isländer vielleicht darin zu finden sei, daß sich die Helden der Geschichte gewaltsam über ihre unvermeidbaren Niederlagen und ihr Schicksal erhoben.

»Wenn wir in Betracht ziehen, daß die *Njáls saga* seit sechshundert Jahren das Lieblingsbuch der Isländer geblieben ist, wundert es nicht, daß viele Ideen aus diesem Werk in der Natur des Volkes inzwischen Wurzeln geschlagen haben und einige der Charaktere, die der Autor geschaffen hat, zu einem festen Bestandteil im Leben der Bevölkerung geworden sind.«

Für die meisten Isländer spielt es dabei kaum eine Rolle, daß sich die Geschehnisse der Saga in der Realität möglicherweise nicht so zugetragen haben. Vielmehr ging es ihnen laut Laxness um eine gut erzählte Geschichte:

»Menschen des Mittelalters hatten eine völlig andere Auffassung von dem, was wir Wirklichkeit nennen. Auf der anderen Seite hatten sie die gleiche seelische Einstellung dazu, wie man eine Geschichte erzählen soll, damit sie vom Zuhörer für wahr genommen wird. In der Hinsicht hatten sie sogar sehr wirksame Mittel, die uns heute nicht mehr zur Verfügung stehen. Und aus eben diesem Grunde hat die erfundene Geschichte vom Njáls-Brand, wie sie in der *Njáls saga* erzählt wird, stärker auf die Isländer gewirkt als der Brand von Flugumýri, der sich in Wirklichkeit zu Lebzeiten des Autors der *Njáls saga* zugetragen hat.«

Bei dem Brand von Flugumýri im Jahr 1253 sind fünfundzwanzig Menschen ums Leben gekommen.

Schauen wir uns nun den Inhalt der *Njáls saga* etwas genauer an: Gunnar Hámundarson, der Held der Saga, lebt in Hlíðarendi. Die Bewunderung des Autors für den Bauernsohn kommt bei seinem ersten Auftritt in der Saga deutlich zum Ausdruck:

»Gunnar Hamundarson wohnte auf Hlíðarendi in Fljotshlid. Er war ein großgewachsener und starker Mann und wußte mit Waffen umzugehen wie kaum ein anderer; er hieb mit beiden Händen und konnte ebenso werfen, wenn er wollte, und er schwang das Schwert so schnell, daß man drei in der Luft zu sehen meinte. Er schoß mit dem Bogen wie kein anderer und traf alles, worauf er zielte. In voller Kampfausrüstung sprang er höher, als er groß war, und ebensoweit rückwärts wie vorwärts. Schwimmen konnte er wie ein Seehund. Es gab keinen Wettkampf, bei dem einer wagte, sich mit ihm zu messen. Man sagte, es gebe niemanden seinesgleichen.«

Nachdem Gunnar mit seinen Freunden über das Meer gefahren ist, um in fremden Ländern Ruhm und Ehre zu erlangen, kehrt er als gefeierter Held nach Island zurück. Als er zum Thing reitet, wird er für seinen prachtvollen Auftritt von allen Leuten bewundert. Bei einem sommerlichen Spaziergang über die von hohen Bergen und schroffen Felsen gesäumte Thingstätte entscheidet sich schließlich sein Schicksal:

»Eines Tages, als Gunnar vom Gesetzesfelsen kam, lief er unterhalb der Thingbude der Leute von Mosfell entlang. Da sah er Frauen auf sich zukommen, alle gut gekleidet. Die an der Spitze gehende Frau trug die besten Kleider. Als sie zusammentrafen, grüßte sie Gunnar. Er erwiderte ihren Gruß freundlich und fragte, wer sie sei. Sie antwortet, sie sei Hallgerd und die Tochter Höskulds, des Sohnes von Täler-Koll. Sie sprach ohne Scheu zu ihm und bat ihn, von seinen Fahrten zu erzählen. Gunnar erwiderte, er werde ihr das nicht abschlagen und spreche gern mit ihr. Sie setzten sich daraufhin nieder und unterhielten sich.«

Gunnar und Hallgerður heiraten und feiern mit Freunden und Verwandten in Hlíðarendi ein prächtiges Hochzeitsfest. Kurz danach beginnt jedoch das Unglück: Hallgerður zerstreitet sich mit Bergþóra, der Frau von Gunnars Freund Njál. Zwischen den Ehefrauen kommt es bei einer Einladung auf Bergþórshvoll zu einem Eklat:

»Njal hieß Gunnar und seine Frau herzlich willkommen. Als sie eine Weile bei Njal waren, kam Helgi mit seiner Frau Thorhalla nach Hause. Da ging Bergthora in Begleitung von Thorhalla zur Querbank und sagte zu Hallgerd: ›Mach dieser Frau Platz!‹ Hallgerd entgegnete: ›Ich werde nicht von diesem Platz weichen, denn ich will nicht wie ein altes Weib in der Ecke sitzen.‹ ›Hier bestimme ich‹, erwiderte Bergthora. Darauf nahm Thorhalla ihren Platz ein.

Bergthora trat mit dem Wasser zum Händewaschen an den Tisch. ›Es besteht tatsächlich kaum ein Unterschied zwischen dir und Njal; du hast einen mißgestalteten Nagel an jedem Finger, und er hat keinen Bart.‹ ›Das ist wahr‹, erwiderte Bergthora, ›aber keiner von uns beiden macht es dem anderen zum Vorwurf. Dein früherer Mann Thorvald hatte sehr wohl einen Bart, und dennoch ließest du ihn aus dem Weg räumen.‹«

In den darauffolgenden Monaten spitzt sich der Konflikt zwischen den Frauen zu, was u. a. zum Tod einiger Sklaven auf beiden Höfen führt. Obwohl Gunnar mit allen Mitteln versucht, den Streit herunterzuspielen, macht er keinen Hehl daraus, daß ihm das Verhalten seiner Gattin nicht gefällt, so daß es am Ende zwischen Gunnar und Hallgerður zu einem ernsthaften Streit kommt. Als Gunnar auf dem Thing ist, schickt Hallgerður einen Sklaven zum Hof seines Feindes Otkell, der Gunnar einmal öffentlich beleidigt hat. Sie läßt den Sklaven Proviant von Otkell stehlen und im Anschluß die Vorratskammer niederbrennen. Gunnar hört von dem Brand, geht jedoch wie alle anderen von einem Unfall aus. Kurze Zeit später kehrt er vom Thing nach Hause zurück und bringt einige Männer mit. Er bittet Hallgerður darum, sie zu bewirten.

»Hallgerd stellte Essen auf den Tisch, und Käse und Butter wurden hereingebracht. Gunnar war auf derartiges Essen nicht gefaßt und fragte Hallgerd, woher es komme. ›Von einer Quelle, die dich nicht am Essen zu hindern braucht‹, antwortete Hallgerd, ›und es ist auch nicht Männersache, sich um die Essenszubereitung zu kümmern.‹ Gunnar wurde zornig und sagte: ›Ich finde es schlecht, wenn ich zum Diebesgesellen werde‹, – und gab ihr eine Ohrfeige. Sie sagte, sie werde diesen Schlag nicht vergessen und ihm heimzahlen, wenn sie könne.«

Nach einigen teils tödlichen Auseinandersetzungen kann selbst Gunnars guter Freund, der kluge Njáll, nicht verhindern, daß Gunnar auf dem Thing zum Exil verurteilt wird. Nach dem Urteil verabschiedet sich Gunnar von seinen Leuten und reitet mit seinem Bruder Kolskeggur von Hlíðarendi weg. An der Südküste wartet ein Schiff, mit dem sie nach Norwegen fahren wollen:

»Sie ritten auf das Markarfljot zu. Da strauchelte Gunnars Pferd, und er sprang aus dem Sattel. Dabei fiel sein Blick auf den Berghang und sein Gehöft Hlíðarendi, und er sagte: ›Schön ist der Hang! Er ist mir noch nie so schön erschienen: die gelben Kornfelder und die gemähten Wiesen. Ich reite nach Hause zurück und verlasse das Land nicht!‹«

Auch wenn sein Bruder versucht ihn umzustimmen: Gunnars Entschluß ist nicht zu ändern, er kehrt wieder nach Hause zurück und ist damit vogelfrei. Eines Nachts kommen seine Feinde und wollen ihn töten. Gunnar wird jedoch von seinem treuen Hund Sámur geweckt und kann sich zunächst mit seiner berüchtigten Hellebarde und seinem Bogen verteidigen, bis ihm einer seiner Feinde die Bogensehne durchschneidet:

»Gunnar sagte zu Hallgerd: ›Gib mir zwei Strähnen deines Haares und drehe sie mit meiner Mutter zu einer Bogensehne.‹ – ›Hängt für dich etwas davon ab?‹ fragte sie. ›Mein Leben hängt davon ab‹, erwiderte Gunnar, ›denn sie werden mich nie überwältigen, solange ich meinen Bogen gebrauchen kann.‹ ›Dann will ich dir jetzt jene Ohrfeige vergelten‹, antwortete sie, ›und es ist mir völlig gleichgültig, ob du noch längere Zeit standhältst oder nicht.‹ ›Jeder verschafft sich Ruhm auf seine Weise‹, sagte Gunnar, ›du wirst die Bitte nicht noch einmal hören.‹«

Kurz darauf wird Gunnar von seinen Feinden getötet. Nach dem Kampf wendet sich Gissur, der Anführer der Bande, mit einer Bitte an Gunnars Mutter:

»›Gewährst du unseren beiden Toten ein Stück Boden auf

Helden der *Njáls saga* vor der Kulisse des Eyjafjallajökull

deinem Land, so daß sie hier bestattet werden können?‹ – ›Wie sollte ich nicht Platz für zwei geben, wenn ich am liebsten für euch alle welchen zur Verfügung stellen würde‹, antwortete sie. ›Man muß dir deine Worte nachsehen‹, sagte Gissur, ›denn du hast einen großen Verlust erlitten.‹«

Helgi Ingvarsson, der viele Jahre lang die Post in der Region der *Njáls saga* austrug, wuchs als Kind zum Teil bei seinem Großvater, dem Bauern von Hlíðarendi, auf. Als ich mit Helgi an der gut hundert Jahre alten Holzkirche oben auf dem Hügel stand, erzählte er mir, sein Großvater habe den Hof Hlíðarendi ein halbes Jahrhundert lang bewirtschaftet. In seiner Kinderzeit führte er immer wieder Gäste über das Hofgelände, um ihnen zu zeigen, wo sich die Ereignisse in der *Njáls saga* abgespielt haben. Seitdem kennt er die Schauplätze der Saga wie kein anderer. Oberhalb der Kirche liegen neben einem großen Schild, auf dem man in vier Sprachen, darunter auch in Deutsch, einen Text über den Helden Gunnar und sein Leben hier in Hlíðarendi lesen kann, einige große Steine im Gras. Helgis Großvater hielt es für möglich, daß diese Steine von Gunnars Feinden verwendet worden sind, um das Dach von seinem Haus herunterzureißen.

Von den Steinen gehen wir ein Stückchen den Hang entlang in östliche Richtung. An einem eingezäunten Plätzchen erinnert eine Statue an die Bildhauerin Nína Sæmundsson, die hier in der ersten Hälfte des vorigen Jahrhunderts in einem kleinen Torfgehöft aufwuchs. Dahinter gelangen wir zu einem anderen, großen Felsbrocken. Von dort aus hat man einen herrlichen Blick auf den Gletscher sowie über die weite Ebene und auf die Westmänner-Inseln vor der Küste. Im Osten sieht man nach **Þórsmörk**, einer schönen Oase zwischen den Gletschern Eyjafjalla- und Mýrdalsjökull. In der Ferne ragen die Spitzen der »blauschwarzen«

Berge Tindfjöll in den Himmel. Der Felsbrocken soll laut Helgi Gunnars Grabhügel sein. Es ist nachzuvollziehen, daß diese Stelle mit dem herrlichen Blick ein würdiger Platz für das Steinhügelgrab eines großen Helden ist.

Die *Njáls saga* ist eine der besten Geschichten, die je in Island geschrieben wurden. Der unbekannte Autor zeichnet ein so klares und lebendiges Bild von den Menschen, die in der Saga vorkommen, daß sie seit Jahrhunderten bei den Isländern – im wahrsten Sinne des Wortes – »Familienfreunde« geworden sind. Wenn man auf dem Hügel hinter der alten Kirche in Híðarendi in Fljótshlíð steht, kann man sich Gunnar und Hallgerður lebhaft vorstellen. Gerade deswegen haben viele Isländer das Gefühl, sie seien an dem Ort im gewissen Sinne alle ein wenig zu Hause. Hlíðarendi ist daher kein gewöhnlicher Bauernhof, sondern markiert vielmehr einen wichtigen Abschnitt in der Geschichte Islands und ist ein wichtiger Bestandteil im Denken und im Selbstbewußtein der Isländer.

Die Magie dieses Ortes spürte auch der Lyriker und Naturforscher Jónas Hallgrímsson, der 1837 aus Kopenhagen kam, um seinen Freund, den damaligen Pfarrer von Breidabólsstaður, zu besuchen. Nach seinem langjährigen Aufenthalt in Dänemark hatte er große Sehnsucht danach, die Schauplätze der von ihm geschätzten *Njáls saga* zu erleben. Und als er mit dem Pferd in der landschaftlich reizvollen Kulisse der Saga unterwegs war, wo der Gletscher **Eyjafjallajökull** über der Szenerie thront, kam ihm die Idee zu seinem großen Gedicht *Gunnarshólmi*, das heute zu den bekanntesten Zeugnissen der Literaturgeschichte Islands zählt. Über *Gunnarshólmi* lesen wir in Kindlers Neuem Literaturlexikon:

»Das Gedicht verherrlicht die Vaterlandsliebe Gunnars von Hlíðarendi aus der *Njáls saga*, der, gefangen von der

Schönheit seines Landes, lieber auf Island den Tod erwartet, als im Ausland in die Verbannung zu gehen. Gunnarshólmi, der grüne Fleck auf den verödeten Sanderflächen, ist im Gedicht zugleich Symbol und Zeugnis für die Widerstandskraft der isländischen Nation.«

Schauen wir uns einen Ausschnitt aus dem Gedicht an:

»Denn er verschmähte Heil an fremdem Strand;
Den Tod im Lande hat er vorgezogen.
Es ließ der Held in grimmer Feinde Hand
Sein Leben bald, durch schlaue List betrogen. –
Lieb dünkt mir Gunnars Saga, wenn im Sand
Ich stehend staune, wie der Macht der Wogen
Der Gunnarsholm, so niedrig er auch liegt,
In seinem grünen Schmucke noch obsiegt.«

Hingerissen vom Zauber dieser Gegend und dem tragischen Schicksal des Helden war auch der Schweizer Nordist Andreas Heusler, als er im Jahr 1895 mit dem Pferd nach Hlíðarendi kam:

»Auch der heutige Wanderer fühlt nach, daß ein Abschied von Hlíðarendi schwer fallen kann – mag sich auch sein Gesicht mehr den schimmernden Gletscherriesen drüben zukehren!«

Unterwegs fällt ihm auf, wie sonderbar das Licht auf Island anmutet:

»Eine unbeschreibbare Lichtheit und Leichtheit der Färbung; oft steht eine Scenerie wie hingehaucht da. Die Ferne ist wunderbar deutlich, aber niemals scharf und hart. Viele Landschaften sind farbenreich, aber nirgends bunt und grell. Ich könnte mir die isländische Landschaft nur im Aquarell vollkommen wiedergegeben denken.«

Während Häusler über die Farben der isländischen Landschaft nachdachte, war noch ein anderer Liebhaber der Sagas im Lande unterwegs: der englische Maler Collingwood. Es ist nicht bekannt, daß der englische Maler und der deutsche Forscher einander begegnet sind. Die beiden scheinen die isländische Natur aber ähnlich empfunden zu haben, denn Collingwood hat von den berühmtesten Schauplätzen der Sagas zahlreiche Aquarelle angefertigt.

Über Keldur zum Gunnarsstein

Wir fahren zunächst ein Stück unserer Route zurück und biegen westlich von Hvolsvöllur landeinwärts ein, Richtung **Keldur**. Dort treffen wir den neunzigjährigen Oddgeir Guðjónsson, einen der besten einheimischen Kenner der *Njáls saga*, der den größten Teil seines langen Lebens auf dem Hof Tunga in Fljótshlíð verbracht hat.

Oddgeir erzählt uns die Geschichte von Ingjaldur, der in Keldur gewohnt haben soll: Nachdem der Häuptling Flosi und seine Männer den Hof von Gunnars Freund Njál niedergebrannt hatten, ritten sie nach Keldur, um mit dem Bauern Ingjaldur abzurechnen. Er hatte Flosi nämlich versprochen, sich an dem Überfall auf Njáls Hof Bergþórshvoll zu beteiligen. Seine Schwester Hróðný, die mit Njál ein eheliches Kind hatte, hatte Ingjaldur jedoch beschworen, dem Angriff auf Njáls Hof fernzubleiben; schließlich habe Njál ihm nur Gutes getan, und außerdem sei er der Vater ihres Sohnes. Ingjaldur befolgte den Rat seiner Schwester, was ihm Flosi und seine Männer nach dem Mordbrand jedoch vergelten wollten.

Als sie sich Keldur näherten, sahen sie Ingjaldur am anderen Ufer des Flusses Rangá. Es kam zum Kampf, bei dem Ingjaldur am Bein verwundet wurde. Danach floh er »in den Wald«, wie es in der Saga heißt.

Wir machen auf der Anhöhe südlich von Keldur halt und schauen zu dem Hof hinüber, der vor uns neben einer kleinen Holzkirche mit einem bunten Dach in der Einöde liegt. Von hier aus gesehen ist es schwer vorstellbar, daß Ingjaldur seinen Feinden entkommen konnte, indem er »in den Wald« floh: Soweit das Auge blicken kann, ist hier kein einziger Baum zu sehen! Statt dessen breitet sich eine gewaltige Wüstenlandschaft aus, die sich bis zum Fuße des großen Vulkans **Hekla** im Norden erstreckt. Hekla hat diese Landschaft sichtlich geprägt: Überall in Erdrissen und kleinen Spalten sind dicke Schichten von schwarzer Asche zu erkennen. Das Landstück um den Hof Keldur ist die einzige grüne Oase weit und breit. Der breite schwarze Rahmen darum läßt die Wiesen um den Hof noch grüner und saftiger erscheinen. Tiefblaues Wasser, das aus Quellen am Lavarand aus der Erde sprudelt, trägt zu der wilden Schönheit dieser Oase bei.

Inzwischen weiß man allerdings, daß Island bei der Ankunft der Siedler vor über tausendeinhundert Jahren etwa zu einem Viertel von Birkenwäldern bedeckt war. Es dauerte aber wohl nicht viel mehr als dreihundert Jahre, bis die neuen Bewohner des Landes diese ausgedehnten Wälder zum größten Teil gerodet hatten. Sie brauchten Holz für ihre Höfe und Boote und Weideland für ihre Tiere.

Nach dem kurzen Halt in Keldur, wo das alte Hofgebäude steht, dessen älteste Holzbalken aus dem 13. Jahrhundert stammen sollen, setzen wir unsere Fahrt in die Wüste fort. Laut Oddgeir standen etwas nördlich von hier im Mittelalter zwei Höfe, die ebenfalls in der *Njáls saga* vorkommen. Einer davon war Tröllaskógur, in dessen Ruinen man später die berühmte Brosche »Tröllaskógarnæla« gefunden hat. Die silberne Brosche kann heute im Nationalmuseum von Reykjavík besichtigt werden. Auf ihr ist ein von zwei

Schlangen umschlungenes Tier abgebildet. Man geht davon aus, daß das Bild den Kampf zwischen Gut und Böse symbolisieren soll. Es braucht eine lebhafte Phantasie, um sich vorzustellen, daß in dieser endlos scheinenden schwarzen Wüste, wo nur einzelne Hügel aus Lavagestein aus der Ebene ragen, Männer und Frauen mit ihren Kindern auf Bauernhöfen gelebt haben. Noch vor etwa siebzig Jahren war diese einsame Region teilweise besiedelt. Aufgrund der zerstörerischen Kraft des Vulkans Hekla, der seit 1947 zahlreiche Male ausgebrochen ist, haben die Menschen aber ihre Höfe allmählich verlassen müssen.

Zu Gunnars Zeiten gab es hier in den Bergen eine sehr bekannte und vielberittene Route, die die westlich gelegenen Landesteile mit der Region um Fljótshlíð verband. Heute wird oft vergessen, daß die Isländer tausend Jahre lang durch das Gebirge reiten mußten, wenn sie von einem Landesteil zum anderen kommen wollten. Die ersten Brücken über die großen Flüsse an der Südküste wurden erst vor gut hundert Jahren gebaut. Bis dahin war es mit größten Schwierigkeiten verbunden, die Flüsse an der Küste zu überqueren – vor allem im Sommer, wenn sie viel Schmelzwasser von den Gletschern führten. Daher war die Überquerung im Gebirge einfacher, wo die Flüsse noch wenig Wasser führten.

In der Nähe einer Brücke über den Fluß Rangá im Gebirge machen wir an dem großen Steinbrocken »**Gunnarsstein**« halt. Auch hier empfängt uns wieder ein Schild mit Ausführungen über die Saga in vier Sprachen. Laut Oddgeir wurde an diesem Stein einer der berühmtesten Kämpfe in der *Njáls saga* ausgetragen. Hier gelang es Gunnar, eine große Gruppe von seinen Feinden, die auf ihn und seinen jüngeren Bruder Hjörtur lauerten, zu bezwingen. Insgesamt erschlug er an dieser Stelle dreizehn Feinde, wobei jedoch auch sein junger geliebter Bruder Hjörtur hier den Tod fand.

Vor geraumer Zeit hat man in der Nähe des Steines einen schönen geschnitzten Ring aus Horn gefunden, auf dem das Bild eines Hirsches zu sehen ist. Es handelt sich um einen Ring, der als Fingerschutz beim Spannen eines Bogens verwendet wurde. Oddgeir teilt die These eines bekannten Archäologen, der Ring habe Gunnars Bruder Hjörtur gehört. Schließlich bedeutet der Name Hjörtur »Hirsch« im Isländischen. Hinzu kommt noch, daß derjenige, der den Ring geschnitzt hat, einen solchen Hirsch auch vorher gesehen haben muß. Und Gunnar, dem eine handwerkliche Begabung zugesprochen wurde, war zu dieser Zeit schon auf dem Kontinent gewesen. Also deutet, nach Oddgeirs Worten, alles darauf hin, daß der Ring ein Geschenk von Gunnar an seinen Bruder war.

Vor langer Zeit hat man in der Lava unweit von Gunnarsstein auch Skelette gefunden, die hier offensichtlich vor Jahrhunderten ihre letzte Ruhe fanden. Es deutet alles darauf hin, daß es sich hierbei um die irdischen Überreste jener Männer gehandelt hat, die Gunnar bei dem Kampf erschlug, und daß der Kampf auch in Wirklichkeit an dieser Stelle stattgefunden hat, genau wie in der *Njáls saga* beschrieben.

Nach unserem Halt am Gunnarsstein fahren wir über die Brücke und steuern den nahe gelegenen Berg **Þríhyrningur** (»Dreieck«) mit seinen drei scharfen Spitzen an. Bald sehen wir deutlich die Ruinen eines Hofes. Dieser Hof war laut Oddgeir bis zur Mitte des vergangenen Jahrhunderts bewohnt. Der Sockel des Wohnhauses ist noch zu erkennen. Wir verlassen die holprige Straße und fahren auf einer schmalen Piste nördlich um den Berg herum, die nur für Allradfahrzeuge geeignet ist. Nach etwa zehn Minuten stoßen wir an der Nordostseite des Berges erneut auf Hofruinen.

Es handelt sich um die **Ruinen von Hrappsstaðir**, dem Hof, auf dem der Schurke Hrappur wohnte, von dem in der *Njáls saga* erzählt wird. Hrappur ist übrigens eine der skurilsten Figuren der ganzen *Njáls saga*. Er flüchtete nach Island, nachdem er sich in Norwegen große Schuld aufgeladen hatte: Er fing mit der Tochter des mächtigen Mannes Gudbrand ein Verhältnis an, der mit dem Herrscher Jarl Hakon eng befreundet war. Um das Mädchen auf die Bitte des Vaters von ihm zu befreien, ließ ihn Hakon verfolgen. Nachdem Hrappur jedoch Hakons Tempel niederbrannte, befahl dieser seinen Leuten, ihn zu töten. Nach einer abenteuerlichen Flucht gelang es Hrappur, sich auf einem Schiff von Gunnars Onkel Þráinn Sigfússon zu verstecken, mit dem er nach Island fuhr.

»Hrappur war ein Unglücksmensch«, sagt Oddgeir. »Überall wo er hinkam, wurde er vom Unglück verfolgt. Nach seiner Ankunft in Island gab ihm sein Retter Þráinn dieses Stück Land, um hier einen Hof zu bauen.«

Trotz der späten Abendstunde kehren wir zu den Höfen in Fljótshlíð zurück und fahren weiter zu dem einsamen Felsen **Stóra Dímon**, der mitten aus der Ebene hochragt. Hier hat es nämlich nach Oddgeirs Worten einen aufregenden Kampf aus der *Njáls saga* gegeben: Skarphéðin, Njáls Sohn, hat bei einer winterlichen Auseinandersetzung auf dem vereisten Fluß einen der makabersten Morde in der Sagaliteratur begangen.

»Skarphedin schnellte empor und sprang über das offene Wasser zwischen den Eisschollen. Er fing sich nach dem Sprung, kam auf die Beine und glitt weiter über das Eis. Die Fläche war so glatt, daß er schnell wie ein Vogel im Flug dahinschoß. Thrain wollte gerade seinen Helm wieder aufsetzen, als Skarphedin herankam und mit der Axt nach Thrain hieb. Die Axt traf den Schädel und spaltete ihn bis zu den Backenzähnen hinab, so daß sie auf das Eis fielen. Alles ging so schnell vor sich, daß keiner auf Skarphedin einhauen konnte.«

Solche Geschichten rufen die Behauptung einer isländischen Literaturprofessorin in Erinnerung, die Autoren der Isländersagas hätten mit ihren Erzählungen die Helden immer wieder ironisieren wollen. Wenn man bedenkt, daß diese Geschichten zumindest zum Teil von gläubigen Christen, wenn nicht sogar von Mönchen niedergeschrieben wurden, ist diese Annahme nicht unrealistisch. Solche Passagen zeigen zumindest, daß die Isländersagas nicht nur romantische Heldenromane sind, sondern mitunter auch groteske Züge tragen.

Paradiese und Höhlen an der Südküste

Wenn man von dem Fluß Markarfljót kommend auf der Ringstraße in östliche Richtung fährt, kommt man zunächst an dem Wasserfall **Seljalandsfoss** vorbei. Über einen schmalen Pfad kann man den Wasserfall umrunden und von beiden Seiten aus der Nähe betrachten.

Weiter östlich steht am linken Straßenrand ein Schild mit der Aufschrift **»Paradísarhellir«** (»Paradieshöhle«). Wer zum ersten Mal an diesem Schild vorüberfährt, wird sich über seinen Standort wundern: Es ist weit und breit keine Höhle zu sehen! Im Süden erstreckt sich eine flache Ebene bis zum Meer, oberhalb der Straße erheben sich die steilen Felsen des Gebirgsmassivs der **Eyjafjöll** (»Inselberge«). Daß man keine Höhle sieht, hat mit der Geschichte zu tun, die sich hinter dem Namen »Paradieshöhle« verbirgt.

Im 16. Jahrhundert spielte sich hier eine dramatische Liebesgeschichte ab, die den Stoff zu einer vielzu wenig beachteten Novelle des neuromantischen Autors Jón Trausti lieferte. Die Geschichte beginnt mit einem zunächst eher harmlosen Streich. Auf dem **Hof Stóra Borg** an der Küste, der heute noch bewohnt ist, hat Anna das Sagen. Die junge Frau kommt aus einer wohlhabenden und einflußreichen Familie. Ihr Bruder ist Bezirksvorsteher und wohnt auf dem uns schon bekannten historischen Hof Hlíðarendi in Fljótshlíð. Zu Annas Angestellten gehört auch der fünfzehnjährige Hjalti, ein mittelloses Waisenkind.

Einige Angestellte am Hof beschließen, dem Jungen einen Streich zu spielen. Sie versprechen, ihm ein Fohlen zu schenken, wenn er in das Schlafgemach seiner Herrin geht, sich dort nackt auszieht und zu ihr unter die Decke kriecht. Obwohl der Junge Angst vor der Mutprobe hat, gewinnt der Wunsch nach einem eigenen Pferd die Oberhand. Als er zur Tat schreitet, erkennt die Herrin das Spiel und fordert ihn auf, nackt zu ihr ins Bett zu steigen. Sie läßt die Angestellten rufen, um ihnen zu zeigen, daß er die von ihnen verlangte Mutprobe bestanden hat. Anna verliebt sich in den Jungen und macht ihn zu ihrem Liebhaber. Trotz des großen Altersunterschieds finden sich die Leute am Hof mit der Liebesbeziehung ab.

Auch Annas Bruder, der Bezirksvorsteher, unternimmt nichts dagegen. Er vertraut darauf, daß seine Schwester wieder zur Vernunft kommen werde. Nachdem sie mit dem Jungen jedoch zwei Kinder bekommt, verliert der Bruder die Geduld, denn es herrscht schließlich eine Zeit, in der die Reformation in Island gerade durchgesetzt wird und im Land strenge moralische Sitten herrschen. Der Bezirksvorsteher betrachtet die wilde Ehe seiner Schwester als eine Schande für die ganze Familie und versucht mit allen Mitteln, die beiden auseinanderzutreiben, jedoch ohne

Erfolg. Am Ende droht er seiner Schwester damit, ihren Liebhaber umzubringen, wenn sie diese Liebesbeziehung nicht freiweillig beendet.

Mit dem Bauern von Fit, einem Hof, der heute an der Hauptstraße liegt, vereinbart Anna daraufhin, daß er Hjalti in einer Höhle versteckt, die im Felsen oberhalb des Hofes liegt. Dem jungen Mann bleibt keine andere Wahl, als sich widerwillig in der Höhle einzurichten, er erkennt jedoch bald den Vorteil dieses Versteckes: Der Eingang zur Höhle ist so klein, daß er aus der Ferne nicht zu sehen ist. Deswegen kann man die Höhle von der Ringstraße auch heute noch kaum sehen. Nur wenn man ihre Lage weiß, erkennt man bei genauem Hinsehen ein dickes Tau, das aus einem kleinen Loch im Felsen ragt. In Jón Traustis Novelle kann man sich ein Bild von dieser unwohnlichen Höhle machen:

»Kalt, versteinert und tot ist diese Felsenkette. Darum weckt sie, trotz ihrer Unheimlichkeit, bei niemandem Furcht. Kalte, versteinerte und tote Felsschichten, die eine auf der anderen gelegen, schrecklich und abstoßend, mit unzähligen schwarzen Höhlen, von denen keiner weiß, was sie verbergen. Sonnenstrahlen gleiten gelegentlich über dieses trollartige Gebilde und machen es eine Zeitlang etwas freundlicher; das Licht führt aber auch dazu, daß die Schatten in den Höhlen tiefer und die Augen der Felsen kälter wirken. Dann verschwindet die Sonne wieder hinter Wolken, und das ganze Bild wird genauso verzerrt und rauh wie zuvor. Am Ende werden die Felsen selbst von den Wolken verhüllt, wie von einem grauen Hut. Damit ist der Kopf des Trolls eingehüllt. Wasser strömt die schwarzen Wangen hinunter, als würde das Ungeheuer weinen.«

Jahrelang muß sich Hjalti dort vor dem Zorn des mächtigen

Bruders verstecken. Auch wenn er seine Geliebte und seine acht Kinder gelegentlich besuchen kann, wird ihm dieses Leben in der Höhle auf Dauer unerträglich. Nachdem er vom Gericht für seine wilde Ehe verurteilt worden ist, reitet der Bruder mit seinen Männern von Hlíðarendi los, um ihn zu holen. Als sie durch den Gletscherfluß Markarfljót reiten, fällt er jedoch in die Strömung und droht zu ertrinken. Hjalti ist in der Nähe und erkennt die Not des Mannes. Er springt in den Fluß und rettet den Bruder, ohne vorher zu wissen, daß es sich um seinen großen Widersacher handelt. Als der Bezirksvorsteher wieder zu sich kommt, erfährt er, wer ihm das Leben gerettet hat. Er reitet zu seiner Schwester und verspricht ihr, daß er ihrem Liebhaber kein Haar mehr krümmen und die Heirat erlauben werde. Das glückliche Ende gibt Jón Trausti auch in der Beschreibung der Landschaft wieder:

»Weit draußen auf dem Meer war ein Wolkenband, das die Strahlen der Sonne, die hinter dem Gletscher Eyjafjallajökull unterging, spielerisch mit Purpur und Juwelen schmückten. Oh, was für eine Herrlichkeit! Es war, als würden ganze Länder mit wunderbaren Farben auf die Festung gemalt werden. Es war, als spiegelte sich am Südhimmel nicht nur ganz Island, sondern dahinter auch viele Wunderländer, weit im Norden, am Ende der Meere, Abenteuerländer, die kein sterbliches Auge je erblickt hatte. Dort erhoben sich himmelhohe Berge mit haarscharfen Spitzen, dort ragten glänzende Eiskuppen hervor, dort standen wundervolle Feuersäulen und rankten sich zum Himmel empor. Der untere Teil der Wolkenberge löste sich in einem weichen, blauen Dunst auf. Die unteren Berge spiegelten sich in diesem Dunst. Sie waren nicht so gigantisch wie die höheren, aber in ihrer Bescheidenheit waren sie noch schöner und wonnevoller. Hier waren alle Züge weich und mild geworden, hier gab es keine schroffen Felsen, keine unheimlichen Gesichter aus Licht und Schatten mehr . . .«

Wenn wir unsere historische Rundfahrt an der Südküste Richtung Osten fortsetzen, erreichen wir am Fuße der Berge Eyjafjöll bald den **Hof Steinar** mit einigen Wohnhäusern. Wer heute an den stattlich gebauten Höfen, die hier an der Straße stehen, vorbeifährt, kann sich kaum vorstellen, unter welchen Bedingungen die Bauern hier vor über hundert Jahren lebten. Steinar ist leicht an einem großen Brocken zu erkennen, der vor Jahren bei einer Erdlawine auf die Häuser zurollte und erst kurz vor dem Gehöft zum Stillstand kam. Der Hof ist der Schauplatz des Romans *Das wiedergefundene Paradies* von Halldór Laxness. Der Protagonist, der Bauer Steinar, hat den Hof von seinem Vater geerbt. Am Anfang ist er verheiratet und hat zwei Kinder. In dem Roman wird der Hof folgendermaßen beschrieben:

»Das Gehöft Hlidar war so gebaut, wie es seit undenklichen Zeiten bei mittelgroßen Höfen üblich war: eine Leutestube ohne Zimmerdecke, ein Flur und eine gedielte und verschalte Gästestube mit einem Bett. Einige andere giebelförmige Bretterwände umstanden den Hofplatz in der üblichen Reihenfolge, ganz wie es damals bei Bauerngehöften Brauch war: Gerätehaus, Trockenschuppen, Kuhstall, Pferdestall, Schafbockstall; schließlich eine kleine Werkstatt. Hinter den Gebäuden ragten im Herbst die Heuschober auf, waren aber im Frühjahr verschwunden. Solche von außen mit Gras bewachsenen Gehöfte standen zu jener Zeit an tausend Stellen in Island unter den Berghängen.«

Nachdem im Lande der Wohlstand gewachsen war, wollten die Landbewohner diese Behausungen aus der armen Zeit nach Möglichkeit beseitigen. Auch wenn es verständlich ist, daß die Bauern nicht ständig an die schlechten Zeiten erinnert werden wollten, ist es aus heutiger Sicht bedauerlich, daß diese kulturhistorischen Denkmäler der Vergangenheit zum größten Teil verschwunden sind.

Laxness' Geschichte handelt davon, daß der Bauer Steinar eine Vision hat und aufbricht, um das Paradies auf Erden zu finden. Er reist in die USA, nimmt den Mormonenglauben an und sucht im gelobten Land sein Lebensglück. Am Ende kehrt er jedoch wieder zurück, nachdem er die Illusionen dieser Welt erkannt hat. Als er seinen alten Hof in Steinahlíðar aufsucht, stellt er fest, daß das Gehöft verschwunden und die Hauswiese zum Weideland für Schafe eines anderen Bauern geworden ist. Zu seinem größten Entsetzen ist noch dazu die Türplatte, auf der seine Frau immer gestanden hat, versunken und die von seinen Vorfahren errichtete Wiesenmauer verfallen.

»War es zu verwundern, daß ihn schauderte, als er sehen mußte, wie dieses Meisterwerk seines Urgroßvaters, Vorbild und nachahmenswertes Beispiel ganzer Gemeinden, innerhalb einer kurzen Stunde, während er auf einen Sprung wegging, verfallen war; und die herabgestürzten Felsbrokken lagen über die ganze Hauswiese verstreut!«

Der Bauer beginnt damit, die Steine zusammenzutragen und die Mauer auszubessern, als ein Mann vorbeikommt und sich wundert, daß ein Fremder an der Wiesenmauer arbeitet.

»›Wer bist du?‹ fragte der Wanderer.

Der andere antwortete: ›Ich bin der Mann, der das Paradies wiederfand, nachdem es lange verloren war, und es seinen Kindern schenkte.‹

›Was will ein solcher Mann hier?‹ fragte der Wanderer.

›Ich habe die Wahrheit gefunden und das Land, in dem sie wohnt‹, bekräftigte der Mauernschichter. ›Das ist gewiß nicht wenig wert. Doch jetzt kommt es vor allem darauf an, diese Wiesenmauern wieder aufzurichten.‹

Dann fuhr der Bauer Steinar fort, als ob nichts geschehen wäre, Stein auf Stein in die alten Mauern zu fügen, bis in Hlídar an den Steinahlidar die Sonne untergegangen war.«

Wie auch in anderen Romanen entwirft Halldór Laxness eine Figur, die sich mit Leib und Seele einer Vision hingibt, die sich später als eine tragische Illusion erweist.

In einem Artikel über die Entstehung des Romans *Das wiedergefundene Paradies* hat sich der Autor über das Problem des Fortgehens und der Rückkehr Gedanken gemacht.

»Ein kluger Mann hat einmal gesagt, wer fortgeht, kommt niemals zurück, und das liegt daran, daß man bei einer Rückkehr ein anderer Mensch ist als der, der irgendwann aufbrach ... Und zwischen der Hauswiese, auf der man losging, und der, auf der man wieder ankommt, liegen nicht nur Königreiche und die Ozeane und Wüsten der Welt, sondern das verheißene Land selbst.«

Weiter an der Südküste entlang Richtung Osten führt die Ringstraße an dem malerischen, 60 Meter hohen Wasserfall Skógafoss vorbei. Hinter dem Wasserfall soll zur Landnahmezeit der Magier Þrasi einen Schatz verborgen haben. Einmal, so die Legende, soll der Skógafoss so wenig Wasser gehabt haben, daß es einem Menschen gelang, den Griff der Schatztruhe durch den Wasserfall anzufassen und abzureißen. Diesen Griff können Besucher heute in dem nahe gelegenen, durchaus sehenswerten Skógar-Museum besichtigen.

Hinter der Ortschaft **Vík**, an deren schwarzem Strand ein erfrischender Spaziergang lohnt, erreicht man bald die Sandwüste **Mýrdalssandur**. Über ihr thront der gewaltige Gletscher Mýrdalsjökull, unter dessen Eiskappe **Katla**, einer der gefährlichsten Vulkane des Landes, lauert. Er ist zum letzten Mal 1918 ausgebrochen. Vulkanologen schließen nicht aus, daß Katla in den nächsten Jahren erneut aus-

Die Meeresfelsen Reynisdrangar vor der Küste von Vík

bricht, da der Vulkan in vergangenen Jahrhunderten in der Regel alle fünfzig Jahre aktiv wurde.

Der Name »Katla« geht auf eine Geschichte aus dem Mittelalter zurück. Damals befand sich im Ort **Þykkvabær** ein gleichnamiges Kloster, unweit der Brücke am Fluß Skálm. Dort arbeitete eine Köchin namens Katla. Sie galt als eine sehr launische Frau, mit der man sich lieber nicht anlegte. Katla besaß zudem eine Hose mit der wundersamen Eigenschaft, daß ihr Träger unendlich weit laufen konnte, ohne zu ermüden. Manche Leute – sogar der Abt – hatten große Furcht vor ihrer Laune und ihren magischen Kräften.

Am Kloster gab es auch einen Schafhirten namens Barði. Auch er hatte manches Mal unter Katlas Zorn zu leiden, wenn beim Zusammentreiben der Herde Schafe fehlten. Einmal im Herbst fuhr der Abt zu einem Fest, gefolgt von Katla. Barði sollte vor ihrer Rückkehr die Schafe nach Hause treiben, doch hatte er Schwierigkeiten, alle zu finden. In seiner Not beschloß er, in Katlas Wunderhose zu schlüpfen, und so gelang es ihm, die restlichen Schafe schnell einzuholen. Als Katla nach Hause kam, merkte sie jedoch, daß Barði die Hose entwendet hatte. Voller Wut empfing sie ihn am Eingang des Hauses und ertränkte ihn in einem Faß, in dem eingepökeltes Fleisch für den Winter aufbewahrt wurde. Die Leute wunderten sich über Barðis Verschwinden. Katla bemerkte, daß die Flüssigkeit im Faß mit der Zeit immer weniger wurde, und murmelte gelegentlich vor sich hin: »Bald taucht Barði auf.« Als Barðis Kopf schließlich zu sehen war, nahm sie ihre Hose, rannte aus dem Kloster in nordwestliche Richtung zum Gletscher hoch und stürzte sich in eine große Gletscherspalte. Kurz darauf gab es eine Gletscherflut, die das Kloster überflutete. Man glaubte, Katla habe mit ihrer Hexerei die Flut

verursacht, daher nannte man die Spalte fortan Kötlugjá
(»Katla-Spalte«). So kam es dazu, daß man die grobe und
launische Köchin Katla für den ersten Ausbruch des Vulkans unter dem Mýrdalsjökull verantwortlich machte!
Wir fahren weiter nach Südosten durch die schwarze Wüste Mýrdalssandur. Zum größten Teil besteht sie aus Geröll und Asche, die die Gletscherflüsse in vergangenen Jahrhunderten Richtung Meer gespült haben.
Eine schöne Beschreibung der Wüste findet sich in Steinunn Sigurðardóttirs Roman *Herzort*. Darin durchqueren
zwei Frauen in einem Pick-up die Öde, um die Tochter
einer der beiden Frauen zu Verwandten in den Ostfjorden
zu bringen. Sie wollen sie vor den schlechten Einflüssen
der großen Stadt Reykjavík schützen. Auf der langen Reise
fahren sie durch faszinierende spätsommerliche Landschaften, deren Eindrücke immer wieder in die Erzählung
eingeflochten werden. So verleitet auch die Fahrt über
den schwarzen Mýrdalssandur das Mädchen zu poetischen
Gedanken über das Schicksal ihrer Mutter:
»Der lange Sander ist mit dem Tod verwandt, er besteht
aus dem dunkelsten Material der Welt, ewigen Körnchen.
Ich denke sie mir als Seelen von Verstorbenen in den Wüsten des Jenseits ... In Australien wären die Seelen der
Verstorbenen eine unendliche Weite von glänzenden Mu-
scheln, die miteinander wetteifern, Sonne und Himmel in
vielfältigen Wellen am Meer wiederzuspiegeln. Am Mu-
schelstrand, über den Mama endlos redete.
Mama, du Ärmste, ein kleines, schwarzes Körnchen auf
einem häßlichen isländischen Sander zu sein und nicht eine
glänzende Muschel am Strand im ewigen Sommer auf der
anderen Seite des Erdballs. Du hattest dein Schicksal nicht
verdient.«
Ein Stück weiter östlich fahren wir in eine eindrucksvolle

Lavalandschaft hinein. So weit das Auge blicken kann, ist auf beiden Seiten der Ringstraße ein gewaltiges Lavamassiv zu sehen, das zum Teil mit grünem, weichem Lavamoos bedeckt ist. Die Vulkane im Norden, die am 8. Juni 1783 aktiv wurden, leiteten die größte Naturkatastrophe ein, die sich in Island je zugetragen hat.

Aus dem Bericht des legendären Pfarrers Jón Steingrímsson, den man später den »Feuerpfarrer« nannte, geht hervor, daß das Wetter an diesem Morgen heiter und ruhig war. Dann stiegen hinter den Bergen jedoch schwarze Rauch- und Nebelwolken auf, die sich so schnell über die ganze Region legten, daß es bald dunkel wurde. In der darauffolgenden Nacht wurde die Region von heftigen Erdbeben erschüttert.

In Jón Traustis Roman *Skaftafeuer* findet sich eine beeindruckende Schilderung des Anfangs der Katastrophe.

»Am Morgen stieg eine kohlrabenschwarze Rauchsäule hinter der Heide auf, die im Norden von Síða lag. Sie war früh von Holt aus zu sehen, aber nicht von Skál, da der Berg sie dem Blick entzog. Sie stieg höher und höher, und in unglaublich kurzer Zeit legte sie sich auf die ganze Gegend. Die Sonne hatte heil und fröhlich geschienen. Jetzt wurde es kohlpechrabenschwarze Nacht, wie im Winter. Diejenigen, die mit der Pfingstlesung angefangen hatten, mußten wieder aufhören. Die, die noch Kerzenstummel vom Winter hatten, zündeten sie an. Die anderen mußten im Dunkeln sitzen. Draußen regnete es Asche – kleine schwarze Brocken wie ausgebrannte Steinkohle.

Die, die draußen waren, fanden nur mit Mühe nach Hause. Und sie bekamen kaum Luft, denn die Asche füllte ihre Lungen. Und der Gestank der Asche war so übel, daß ihnen schlecht werden wollte. Als sie endlich in die Häuser zu den anderen kamen, waren sie kohlschwarz im Gesicht, als ob man Tinte über sie gegossen hätte. Nach gut zwei Stunden drehte sich der Wind, blies von Südosten, und die Aschewolke zog wieder zurück auf die Heiden. Sie verschwand wie ein schwarzer Bote, der nun seine Angelegenheiten erledigt hatte.«

Es stellt sich aber bald heraus, daß die Katastrophe noch lange nicht zu Ende war. Als die ersten Menschen in den Bergen die Ursache der Katastrophe erkundeten, sahen sie etwas beinahe Unbeschreibliches: Unterhalb des Berges Laki waren auf einer Spalte von fast 25 Kilometern Länge über 130 Krater aufgegangen, die glühende Lava, Feuer und Asche spien. Es war der Anfang des größten Lavaausbruchs, der sich seit der letzten Eiszeit auf der Erde zugetragen hat.

Nachdem die Lava unter lautem Dröhnen in das Flußbett des Gletscherflusses Skaftá geflossen war und den Fluß so gut wie ausgetrocknet hatte, quoll sie aus dem Flußbett über und begann die Bauernhöfe unter sich zu begraben. In den darauffolgenden Tagen und Wochen zerstörte die Lava zahlreiche Wiesen und Wohnhäuser und vernichtete alles, was sich auf ihrem Weg zur Küste befand. Die Weiden waren von den Gasen so sehr vergiftet worden, daß die Tiere, die dort grasten, eines schrecklichen Todes starben, wie es auch in *Skaftafeuer* geschildert wird:

»Die ganze Erde war mit Asche bedeckt, und ständig regnete es lange Aschenfahnen, die sich auf der Erde zu Strängen zusammendrehten und zerkrümelten, wenn man sie berührte. In ihnen waren Metalle mit Schwefel vermischt. Ihr Gift und das Gift aus der Luft verbrannten das Gras, so daß es ganz blaß wurde und dann abstarb. Die Bäume verloren erst ihre Blätter, verkohlten und zerbrachen schließlich. Die ganze Erde wurde in wenigen Tagen schwarz und pflanzenlos. Die Schafe hatten gelbe Mäuler von Schwefel und erkrankten schnell. Bäche und Quellen wurden hellblau und schmeckten scharf, und die Forellen wurden tot an Land getrieben. Alle Frühlingsvögel flohen, und ihre Eier waren wegen des beißenden Geschmacks ungenießbar. Die Vögel, die nirgendwohin fliehen konnten, starben zu Hunderten.«

Kein Wunder, daß die Menschen glaubten, der Jüngste Tag sei gekommen, und die Stunde erwarteten, »da sie vor dem Richter allen Fleisches stehen würden und die Abrechnung ihrer Taten auf der Erde machen müßten«.

Jón Steingrímsson, der zu dieser Zeit in der am schlimmsten betroffenen Region Síða Gemeindepfarrer war, hat den Verlauf der Ausbrüche mit zum Teil akribischer Genauigkeit in seiner *Feuerschrift* (Eldritið) festgehalten. Am 20. Juli versammelte der »Feuerpfarrer« alle Leute, die sich in der Síða befanden, sowohl Einheimische als auch Flüchtlinge aus anderen Landesteilen, und brachte sie in die Kirche bei Kirkjubæjarklaustur. Draußen blitzte und donnerte es, und die Erde bebte. Unter diesen dramatischen Umständen hielt der Pfarrer in der kleinen Kirche eine Predigt, die als »Feuerpredigt« in die Geschichte Islands eingegangen ist. In seiner Predigt wandte sich Jón Steingrímsson an seinen Gott und bat ihn inständig darum, er möge dieses sein eigenes Haus auf Erden vor der zerstörerischen Kraft des Feuers schonen, während die glühende Lava auf das Gotteshaus zufloß.

Als die versammelten Leute nach dem Gottesdienst aber nach draußen gingen, sahen sie, daß die Lava kurz vor der Kirche zum Stillstand gekommen war. Seitdem hat sie sich nie wieder von dieser Stelle gerührt. Kein Wunder, daß die Überlebenden, die an diesem Tag aus der Kirche kamen, davon überzeugt waren, Gott habe ihre Gebete erhört und sie und ihr Gotteshaus vor den wütenden Lavaströmen gerettet. Und es ist auch kein Wunder, daß der Feuerpfarrer Jón Steingrímsson bis heute unvergessen ist.

Wenn man heute durch die friedlichen, mit Moos bewachsenen Lavaströme an der Südküste fährt, kann man sich nur schwer vorstellen, welches Ausmaß diese Katastrophe des Jahres 1783 hatte. Man geht davon aus, daß etwa ein Viertel der isländischen Bevölkerung infolge der Katastrophe in den darauffolgenden zwei Jahren ums Leben kam, u. a. wegen der schweren Hungersnot, die im Lande ausbrach. Auch ein großer Teil des Tierbestandes ging verloren. So starben ungefähr 80 Prozent der Schafe und etwa die Hälfte aller Kühe.

Die Ausbrüche hatten aber nicht nur verheerende Folgen für das Leben in Island selbst. Über vielen Teilen Europas lag im Sommer 1783 ein Dunst, den man bis zur Südküste Islands zurückverfolgen konnte. In deutschen Annalen wird der Sommer 1783 wegen des getrübten Himmels auch »der blaue Sommer« genannt. Und im Herbst 1783 fiel die Ernte in Frankreich äußerst schlecht aus, was eine große Hungersnot zur Folge hatte. So kam es zu sozialen Unruhen, die 1789 schließlich zur Französischen Revolution führten. Daher glauben viele Historiker, die Feuerkatastrophe im Süden Islands habe zumindest eine beschleunigende Wirkung auf die historischen Ereignisse gehabt, die ihren Höhepunkt in der Französischen Revolution fanden.

Nach der Fahrt durch die Feuerlava erreichen wir bald **Kirkjubæjarklaustur**. Kurz bevor man zum »Klaustur« kommt, kann man auf der Nordseite der Straße zwischen den sogenannten Landbrotshügeln die Stelle erkennen, an der die Lava nach der Predigt des Pfarrers Jón Steingrímsson zum Stillstand kam. Die vorderste Kante der Lava heißt passenderweise »Eldmessutangi« (»Feuerpredigt-Spitze«).

Im kleinen Dorf Kirkjubæjarklaustur steht auch eine kleine, von privaten Spenden finanzierte Kapelle, die dem Andenken an den Feuerpfarrer gewidmet ist. Hier wurde 1186 das erste Nonnenkloster Islands gegründet. Wenn man den Erzählungen aus der Zeit der Schwestern von Kirkjubæjarklaustur Glauben schenken darf, ging es im Kloster gelegentlich hoch her, nicht zuletzt, wenn die Nonnen Besuch aus dem nahe gelegenen Mönchskloster in Þykkvabær bekamen.

Zwischen den beiden Klöstern bei dem Fluß Skaftá liegt der Hügel **Sönghóll** (»Gesangshügel«), von dem die Mönche aus Þykkvabær das Nonnenkloster erstmals erblicken konnten, wenn sie angeritten kamen. Bei ihren Besuchen begannen sie gewöhnlich laut zu singen, wenn sie den Hügel erreichten. Sobald die Nonnen den Gesang vernahmen, wurden im Kloster die Glocken geläutet, und die Äbtissin ging mit ihren Schwestern zum Fluß Skaftá hinunter, um den Abt und seine Begleiter zu empfangen.

Einmal übernachtete der Abt mit einigen Mönchen in Kirkjubær. Weil Gerüchte über geheime Beziehungen zwischen Mönchen und Schwestern im Umlauf waren, beschloß die Äbtissin, einen nächtlichen Kontrollgang durch die Klostergänge zu machen. Dabei überraschte sie eine Nonne, die mit einem Mönch im Bett lag. Als sie aber anfangen wollte, die Nonne zu schelten, zeigte diese auf den Kopf der Äbtissin und fragte: »Was hast du auf dem Kopf, liebe Mutter?« Da wurde der Äbtissin klar, daß sie sich im Dunkeln statt ihrer Haube die Unterhose des Abtes auf den Kopf gesetzt hatte. Bei dieser Entdeckung wurde sie wieder sehr freundlich und sagte, als sie das Zimmer verließ: »Wir sind alle sündig, Schwester.«

Auf der Westseite des Flusses Skaftá, der an Kirkjubæjarklaustur vorbeifließt, steht der steile Felsen **Systrastapi**

74

(»Schwesterfelsen«). Zwei Grashöcker markieren die Stelle, an der angeblich zwei Schwestern verbrannt und begraben wurden. Eine der beiden war wegen Gotteslästerung zum Tode verurteilt worden. Ihr Grab ist immer grün, was darauf hindeutet, daß sie unschuldig war. Auf dem Grab der anderen, die wegen einer »unchristlichen« Beziehung zu einem jungen Mann in der Region hingerichtet wurde, wächst jedoch kein Grün …

In Klaustur kann man nach einem kurzen Spaziergang über die Wiese nördlich von der Straße den sogenannten »Kirchboden« besichtigen, einen von Natur aus schön beschaffenen Boden aus sechseckigem Säulenbasalt, von dem man früher glaubte, er sei von Menschenhand gefertigt worden.

Östlich von Kirkjubæjarklaustur gelangt man bald zu dem kleinen Hof **Núpsstaður**, der am Fuße des steilen Standberges **Lómagnúpur** liegt. Der Berg liegt am westlichen Rand der Wüste Skeiðarársandur und thront wie eine Kathedrale über der Landschaft. Neben dem Hofgebäude befindet sich die mit Torf bedeckte, älteste in Island erhaltene Kapelle aus der zweiten Hälfte des 17. Jahrhunderts.

Lómagnúpur ist mit einer der bekanntesten Traumgeschichten der altisländischen Literatur verbunden: Als Flosi, der Anführer der Bande, die den Hof von Njál in der *Njáls saga* niedergebrannt hatten, zu seinem Hof Svínafell östlich der Wüste zurückgekehrt war, wachte er eines Nachts aus einem Albtraum auf und bat seinen Gefolgsmann Glúm, den weitsichtigen Ketill von Mörk zu holen. Flosi berichtet ihm dann von seinem Traum:

»›Mir war im Traum, ich sei auf dem Hof Lomagnupur. Ich ging hinaus ins Freie und richtete meinen Blick zum Berghang hinauf. Da öffnete sich der Berg, und ein Mann trat aus dem Fels. Er trug einen Mantel aus Ziegenfell und hatte einen eisernen Stab in der Hand. Er bewegte sich unter lautem Rufen und rief meine Leute auf, einige früher, die anderen später, und nannte sie beim Namen . . . Danach stapfte er auf mich zu.‹ Ich fragte ihn nach Neuigkeiten. Er antwortete, er könne bedeutende Neuigkeiten mitteilen. Ich fragte ihn auch nach seinem Namen. Er nannte sich Jarngrim. Ich fragte weiter, wohin er gehen wolle. Er sagte, er sei auf dem Weg zum Allthing. ›Was hast du dort zu tun?‹ fragte ich. Er antwortete: ›Zuerst werde ich die Geschworenen begutachten, dann die Richter, und dann werde ich den Kampfplatz frei machen für die Kämpfer.‹ Darauf sprach er folgendes:

›Der Gott der Schlange des Hiebs,
Wird sich erheben im Land.
Leblos im Staub werden liegen sehen
Die Leute viele Hügel des Gehirns.
Der Schall der zusammenschlagenden Waffen
Schwillt nun an in den Bergen.
Das Blut wird niederströmen
Auf die Beine mancher Kämpfer.‹

Dann stieß er den eisernen Stab auf den Boden, so daß es laut krachte. Danach ging er wieder in den Berg hinein. Mich aber ergriff Furcht. – ›Nun möchte ich, daß du mir sagst, was dieser Traum nach deiner Ansicht bedeutet.‹ Ketill sagte: ›Ich vermute, daß alle diejenigen todgeweiht sind, deren Namen aufgerufen wurden. Ich halte es für richtig, daß wir den Traum unter den gegebenen Umständen niemandem mitteilen.‹ Flosi stimmte zu.«
Ketils Prophezeiung ging in Erfüllung: Bei einem Kampf auf dem nächsten Allthing wurden alle Männer, die der Bergriese Jarngrimur von Lómagnúpur genannt hatte, getötet.

76

Hinter Lómagnúpur beginnt **Skeiðarársandur**, die größte Gletscherwüste des Landes. Hier haben sich in vergangenen Zeiten an der Küste viele Schiffskatastrophen ereignet. Wie in Steinunn Sigurðardóttirs Roman *Herzort* nachzulesen, verbindet man in Island mit Skeiðarársandur jedoch nicht nur Schrecken und Tod, sondern auch Geschichten über die vielen Schätze, die beim Untergang der schwer beladenen Schiffe vor der Küste versanken und in den Tiefen des Sandes verborgen sein sollen:

»Skeiðarársandur ist ein Museum vieler Zeitepochen, zu dem niemand Zugang hat außer Würmern. Es gibt Menschenknochen im Magen dieses Sands, Schiffswracks der Jahrhunderte, das eine oder andere Wikingerschiff, von dem man nichts weiß.

Nur wenige kennen den Sander aus der Nähe, abgesehen von Reisenden früherer Zeiten und deren Pferden, die schwimmend die Flüsse durchquerten, und denen, die Treibholz sammelten, Seehunde jagten, die nach Gold in Schiffswracks suchten, und Brückenbauern. Wenn ich mir eine Rolle auswählen dürfte, dann wäre ich dabei, wie man nach chinesischem Porzellan, Diamanten und Goldbarren im Flaggschiff der holländischen Flotte aus dem siebzehnten Jahrhundert sucht.«

Hier spielt die Autorin auf das Unglück im Jahr 1667 an, als das holländische Handelsschiff Het Wapen van Amsterdam vor der Wüste auf Grund lief. Das Schiff, auf dem Weg von Java nach den Niederlanden, war schwer beladen mit Gold, Silber, Gewürzen und anderen wertvollen Waren. Da zu dieser Zeit zwischen Holländern und Briten Krieg herrschte, segelte das Schiff nördlich an Schottland vorbei, um im Ärmekanal nicht von den Briten überfallen zu werden. Bei heftigen Meeresstürmen driftete es jedoch in den Norden ab, bis es vor dem Skeiðarársandur auf Grund ging. Von den Schiffbrüchigen wurden vermutlich etwa 60 gerettet, die anderen 140 kamen ums Leben.

Um 1950 begann man im Sand nach den Überresten der Het Wapen van Amsterdam zu suchen. Nach über dreißigjähriger Suche glaubte man 1983, das Wrack im Sand gefunden zu haben. Die Enttäuschung war aber groß, als die kostspielige Rettungsaktion den deutschen Fischtrawler Friedrich Albert ans Licht brachte, der 1903 vor der Küste gesunken war. So sehr hatte man sich in der Tiefe des Sandes verschätzt. Ob es jemals gelingen wird, die Schätze, die an Bord des holländischen Goldschiffs waren, aus dem Sand ans Tageslicht zu befördern, ist offen.

Am östlichen Ende der Wüste überquert man auf Islands längster Brücke den Fluß Skeiðará. Die Brücke wurde 1974 fertiggestellt, womit zugleich die letzte Lücke der Ringstraße geschlossen wurde. Jahrhunderte lang mußten die Menschen, die an der Südküste unterwegs waren, diesen gewaltigen Fluß mit den Islandpferden durchqueren, wobei es immer wieder zu Unglücken kam. Es heißt, der Skeiðará habe seit der Besiedelung Islands mehr Menschen verschluckt als die meisten anderen Flüsse des Landes.

Als der Schriftsteller Þórbergur Þórðarson im September 1933 mit seiner Frau und einigen erfahrenen Männern an den Skeiðará kommt, bietet sich ihm ein Anblick, den er sein Leben lang nicht vergessen wird. Über einer grauen Sandwelle erheben sich reißende, trübe Wassermassen und weißschäumende Strudel.

»Diesem Anblick, der im völligen Kontrast war zu der toten Wüste, haftete etwas Wütendes und Mysteriöses an. Als wir näher kamen, sah es so aus, als würde eine endlose Reihe von Kamelen mit hohem Tempo über die Sandwüste rasen.«

Blick auf den gewaltigen Talgletscher Breiðamerkurjökull

Und schon hat der Schriftsteller das Ufer des Stromes erreicht, »der eher an das Meer erinnert als an irgendeinen Fluß, den ich je gesehen habe«.

Es folgt ein zweistündiger Ritt durch die tosenden Wogen des Flusses. Die Pferde müssen die Reisenden über die vielverzweigten Arme des Flusses tragen, und sobald sie glauben, das gelobte andere Ufer endlich erreicht zu haben, geht es in den nächsten Teil des tobenden Flusses hinein. Als dieser nasse und rauschende Albtraum schließlich vorbei ist, meint der Autor verstanden zu haben, »daß hier einer der merkwürdigsten Kämpfe in der Flußgeschichte der Isländer zu Ende gegangen ist«.

Wenn man den Skeiðará überquert hat, sollte man unbedingt einen Abstecher in den **Nationalpark Skaftafell**, eine landschaftlich faszinierende Oase am Fuße des großen Gletschers **Vatnajökull**, machen.

Weiter östlich gelangt man in die nächste Gletscherwüste, **Breiðamerkursandur**. Hier hat man bald Gelegenheit, die Ausläufer des gewaltigen Gletschers **Breiðamerkurjökull** hautnah zu erleben. Am Ufer der Gletscherlagune dieses großen Talgletschers machen auch die drei Frauen in Steinunn Sigurðardóttirs Roman *Herzort* halt. Nachdem sie in einer dort befindlichen »herrlichen Bude auf ödem Sand«, wo man Kaffee und Kuchen genießen kann, eingekehrt sind, überlegt die Erzählerin, daß sie ihr Leben gerne an der leuchtenden Lagune verbringen würde.

»Ich könnte mir vorstellen, jeden einzelnen meiner Tage mit einer Fahrt über die Lagune mit den Eisbergen zu beginnen, die wie Schwämme aussehen, aber mit metallischem Klang zerbrechen, zuzuhören, wie sie sich spalten, schmelzen, sich im Kreis drehen und dafür sorgen, daß der Anblick der Lagune sich von einer Minute zur anderen ändert. Zwischen den Bootsfahrten könnte ich auf das

Meer hinausschauen und auf Schiffe warten, die nicht an-
legen, weil es keinen Hafen gibt.«

Es wäre in der Tat an der ganzen Südküste ein hoffnungs-
loses Unterfangen, auf anlegende Schiffe zu warten, denn
auf einer Strecke von Hunderten von Kilometern gibt es
wegen des Gerölls, das die Abflüsse der Gletscher ständig
ins Meer spülen, keinen einzigen Hafen. An der Südostküste ragen überall die Arme des Gletschers Vatnajökull in
die Landschaft. Ihm haftet in den Augen der Isländer eine
ganz besondere Aura an. Man fürchtet und liebt ihn zugleich. In früheren Zeiten, als die Hauptrouten zwischen
Nord- und Südisland quer durchs Land führten, sind viele
Einwohner durch die Eiswüste des Vatnajökull gezogen
und nicht zurückgekehrt. Heute dagegen ist es ein beliebter Sport, mit einem Motorschlitten durch die Eiswüste
zu fahren. Solche Fahrten finden unter der Führung von
Ortskundigen statt und lassen einen die sonderbare Atmosphäre in der endlosen weißen Wüste auf dem Gletscher
erfahren, wie sie auch die Erzählerin im Roman *Herzort*
beschreibt:

»Vom Gletscher aus wirken andere Berge wie unbedeuten-
de Anhöhen, und wer oben auf dem Gletscher steht, ist
König dieser Weite, besonders wer auf dem Vatnajökull
steht, der will nicht wieder herunter, er will in der Unend-
lichkeit des Eises bleiben und auf das Land herabschauen.
Ich würde dich darauf hinweisen, daß Reisen auf dem Gletscher mithin das Bedeutendste sind, was man in diesem Leben unternehmen kann.«

Wir fahren durch den Bezirk **Suðursveit** östlich der Wüste
Breiðamerkursandur. Der Weg führt an zahlreichen gleich-
förmigen Höfen vorbei. Immer wieder sieht man jedoch
die Küste und einige Riffe oder Inselchen, die am Horizont
auftauchen. Bald gelangen wir an eine Hofgruppe auf der

Meeresseite der Straße, deren großer Neubau auffällt, der offensichtlich mit Landwirtschaft nichts zu tun hat. In dem Haus befindet sich das sogenannte **Þórbergs-Zentrum**. Es handelt sich um eine Gedenkstätte, welche dem Schriftsteller Þórbergur Þórðarson gewidmet ist. Der große Sonderling der modernen isländischen Literatur wurde am 12. März 1888 geboren und ist hier in der Abgeschiedenheit aufgewachsen.

Mit sechzehn Jahren ging Þórbergur nach Reykjavík und fuhr einige Jahre zur See. 1924 veröffentlichte er *Brief an Laura*. Mit diesem Buch war er als Schriftsteller schnell in aller Munde. Es war zum einen eine radikale, sozialistisch geprägte Abrechnung mit den damaligen politischen Verhältnissen in Island und zum anderen ein Konglomerat aus verschiedenen Stilen und poetischen Elementen – eine Art »undefinierbare Prosa«, wie das Buch in einer Rezension genannt wurde. Heute gilt *Brief an Laura* als das erste moderne Prosawerk der isländischen Literatur.

Nach einigen autobiographischen Romanen, die aufgrund der ausgezeichneten Sprache und Phantasie inzwischen zur besten Literatur Islands zählen, wandte sich Þórbergur seiner Kindheit um 1900 in Suðursveit zu, die er in einer Reihe von Erzählungen verarbeitete. In diesen Büchern haucht er der Landschaft seiner Kindheit ein neues, von Phantasie durchdrungenes Leben ein.

In einem seiner Erinnerungsbücher, *Die Steine sprechen*, spielt der Berg Steinafjall (»Steineberg«) oberhalb des Hofes **Hali** eine besondere Rolle. Þórbergur erzählt, daß er schon als Kind davon überzeugt war, alles in der Welt sei lebendig und mit einer Art von Bewußtsein ausgestattet. Diese Gewißheit war für ihn so selbstverständlich, daß er sich nachts davor fürchtete, die »toten Gegenstände« könnten anfangen mit ihm zu reden. Von allen »toten Gegenständen« fand der kleine Junge von Hali die Steine am lebendigsten. Der Grund: Für ihn waren sie am natürlichsten und hatten mit Sicherheit das längste Gedächtnis. Niemand hatte sie verwandelt und gezwungen, etwas anderes zu sein als das, was sie von Natur aus waren. Am Hang des Steinafjall erblickt der Junge einmal einen Stein, der ihn lebendiger und eigenartiger als alle anderen anmutet.

»Eins machte diesen Stein sonderbar und unterschied ihn von allen anderen Steinen, und auch wenn es unglaublich ist, werde ich es jetzt sagen. Er war immer unsichtbar, außer wenn die Sonne schien, und beim Sonnenschein sah man ihn auch nur, wenn die Sonne hoch am Himmel stand. Danach konnte man ihn den ganzen Tag sehen, solange ihn die Sonne beschien. Sobald aber die Sonne da oben am Hang unterging, oder hinter eine Wolke verschwand, wurde er wieder unsichtbar. Dann kam mir seine Existenz wie eine Täuschung der Sinne vor. Das war ungeheuer geheimnisvoll.

Es war diese Verwandlung des Steins von einem unsichtbaren Wesen in ein sichtbares und wieder in ein unsichtbares bei Helligkeit, die ihn interessanter machte als alle anderen Steine am Hang, vielleicht an allen Berghängen der Welt.

Da stand er in einer Steinlawine ... wie ein leicht rosarotes, verborgenes Wesen, anders als alle anderen Steine, einsam, ein totaler Einzelgänger. Er hatte niemanden, mit dem er reden konnte. Ich hatte Mitleid mit ihm. Ich war sicher, er würde unter seiner Einsamkeit leiden, denn er war ja schließlich so lebendig.«

Auch Halldór Laxness war 1926 im Osten der Insel unterwegs: Mitte November brach der junge Autor mit zwei ortskundigen Begleitern zu einer Wanderung über die **Jökuldalsheiði** zum Hof **Möðrudalur** auf. Nach einer Weile mußten sie aber wegen heftigen Unwetters in den Bergen umkehren. Sie suchten in einem kleinen Gehöft auf der Heide namens **Sænautasel** Schutz vor dem Wintersturm. Dort wurden sie freundlich empfangen und mit Verpflegung und Unterkunft versorgt.

Ein Jahr später schrieb Halldór Laxness einen Zeitungsartikel über die Wanderung, in dem der Name des Hofes nicht explizit genannt wird, man darf aber davon ausgehen, daß sich die Schilderung auf Sænautasel bezieht. In dem Artikel zeichnet der spätere Nobelpreisträger ein eindrucksvolles Bild von den ärmlichen Lebensverhältnissen der Bewohner des abgelegenen Ortes:

»Man konnte das Gehöft von dem Gletscher gar nicht unterscheiden; meine Begleiter haben es gefunden, in dem sie sich speziell an ihnen bekannten Landschaftsphänomenen orientierten. Um durch die Hoftür zu kommen, mußten wir mehrere Treppen in den Gletscher hinunterlaufen. Die mickrig kleine ›gute Stube‹ war oben im Haus, unten gab es Heu und Schafe. Hier wohnten ein Kerl mit seiner Frau, ihr Sohn und die Mutter des Bauern, eine invalide Greisin. Der Bauer besaß einige Schafe, hatte aber die Kuh geschlachtet, um genug Futter für die Schafe zu haben. Er meinte, es sei nicht so schlimm, wenn die Menschen ohne Milch und mit nur wenig Essen auskommen müßten, Hauptsache sei es, daß die Schafe genug bekämen. Die Leute waren sehr blaß, besonders der Junge und die alte Frau. Sie beschwerte sich darüber, daß sie krank sei, stöhnte und jammerte die ganze Zeit und bat darum, Milch zu bekommen. Sie sagte, sie würde sich ständig wünschen, daß sie einen kleinen Tropfen Milch hätte; den ganzen Tag und die ganze Nacht würde sie sich ›nur einen kleinen Tropfen Milch‹ wünschen.«

In dem Artikel schildert Halldór Laxness auch die Gastfreundschaft dieser armen Leute. Man macht alles den Gästen zuliebe, denn »der Proletarier ist das edelste Geschöpf der Erde«, wie es im Artikel heißt.

Während der Autor dem Bauern zuhört, überlegt er sich, ob für diesen Mann der Sinn des Lebens und das Zentrum des Universums wirklich in der zugeschneiten und abgelegenen Heide liegt. Der Bauer erzählt seinem Gast, in Grönland gebe es viel zu holen, er habe selbst überlegt, dorthin auszuwandern. Und dann möchte er von dem jungen Reisenden, der kurz zuvor aus Südeuropa zurückgekehrt ist, wissen, ob es auch in Italien für die Schafe gutes Weideland gebe.

An dieser Stelle muß Halldór Laxness allerdings seine völlige Unwissenheit bekennen. Von Weideland in Italien hat er nicht die geringste Ahnung. Bereits in diesem Zeitungsartikel aus dem Jahr 1927 steckt der Keim zu Laxness' späterem Roman *Sein eigener Herr*, der einige Jahre nach dem Besuch in der Heide erschien.

Es ist klar, daß der junge Autor, der soeben nach einem längeren Aufenthalt im Süden Europas in seine Heimat zurückgekehrt ist, über dieses erbärmliche Leben der Bauernfamilie auf dem kleinen abgelegenen Gehöft in der Jökuldalsheide zutiefst schockiert ist. Hier begegnet ihm ein Aspekt seines Landes, mit dem er bis jetzt nicht direkt in Berührung gekommen ist. In *Sein eigener Herr* rechnet Halldór Laxness in gewissem Sinne mit der alten isländischen Landkultur ab; er zieht hier gegen den Mythos vom romantischen Bauernleben ins Feld und zeichnet ein zugespitztes, aber zugleich nachvollziehbares Bild der sterbenden Bauernkultur seines Landes.

Kaum ein Roman von Laxness hat so heftige Reaktionen ausgelöst wie *Sein eigener Herr*, der in fast dreißig Sprachen übersetzt wurde. Während die einen davon sprachen, mit diesem Meisterwerk hätte der Autor ein klassisches

Der Nationalpark Skaftafell mit dem Fluß Skeiðará im Hintergrund

»Epos des Lebens auf den abgelegenen Höfen Islands« geschaffen, meinten andere, Laxness habe mit dem Roman den ehrwürdigen, aufrichtigen Island-Bauern in Verruf gebracht.

Laxness' bäuerliche Figur sollte aber nicht nur in der Einöde Islands zu finden sein, wie er in einer interessanten Geschichte zur Rezeption des Romans erzählt:

»Ich erinnere mich, daß mich, kurz nachdem *Sein eigener Herr* in den Vereinigten Staaten erschienen war, ein intelligenter Amerikaner aufsuchte, nach seinem Auftreten zu urteilen ein Großstädter, und sagte, er habe bei der Zwischenlandung hier auf dem Flugplatz einen Aufenthalt eingelegt, um mit mir über Bjartur in Sommerhausen zu sprechen; er erzählte mir unter anderem – was vielen sonderbar erscheinen mag, obwohl es mich keineswegs überraschte –, daß es in New York allein Millionen von Menschen gebe, die in allen wesentlichen Punkten fast genauso lebten wie Bjartur in Sommerhausen und seine Familie, nicht nur unter den gleichen ökonomischen Bedingungen, sondern auch mit der gleichen Denkweise und dem gleichen Sittengesetz.«

Vor einigen Jahren wurde der Hof Sænautasel renoviert. Im alten Gehöft befindet sich jetzt ein kleines **Heimatmuseum**. Es lohnt sich, den Abstecher von der Ringstraße zu machen, um sich ein besseres Bild von diesem Schauplatz des Romans zu machen. Bei der Besichtigung des Gehöfts wird einem verständlicher, warum der Besuch bei dem jungen Italienreisenden damals einen so bleibenden Eindruck hinterließ.

Schauen wir uns die Handlung des Romans näher an: Bjartur, die Hauptperson, kümmert sich mehr um seine Schafe als um seine Familie. Er bemüht sich stets darum, unabhängig zu werden, was ihm aber aufgrund der Eigentumsverhältnisse im Lande verwehrt wird. Man hat diesen Antihelden, der sein Vorbild zum Teil in dem Bauern von Sænautasel hat, mit Don Quichote, dem weltberühmten Ritter von der traurigen Gestalt verglichen.

Auch wenn die Geschichte einen ernsten Unterton hat und sich mit großen sozialen Problemen auseinandersetzt, ist sie zum Teil, wie so oft bei Laxness, mit makabrem Humor gewürzt. Eine der irrwitzigsten Passagen des Romans ist die Beschreibung, wie Bjartur am Ufer des reißenden Gletscherflusses Jökulsá mit einem Rentierbullen ringt, um ihn einzufangen. In einem gefährlichen Zweikampf verfängt sich der Bauer in den Hörnern des Bullen und wird von dem Tier am Fluß entlanggeschleppt.

»Doch da fiel Bjartur unwillkürlich ein guter Rat ein, den er seit seiner Kindheit bei unsteten Pferden anzuwenden gelernt hatte: Man mußte versuchen, an ihre Flanke zu kommen und ihnen dann auf den Rücken springen. Das gelang. Er saß im nächsten Augenblick rittlings auf dem Rücken des Tieres und hielt sich an den Hörnern fest – später erzählte er, daß, obwohl diese Tierart leichtfüßig zu sein scheint, Renbullen beim Reiten holpriger sind als die meisten anderen ihm bekannten Tiere, auch hatte er genug zu tun, um nicht abgeworfen zu werden.«

Der köstliche Kampf endet damit, daß der Bulle mit dem Bauern auf dem Rücken in den tosenden Fluß springt.

»Die Strömung trug den Bullen eine Weile den Fluß hinunter, und lange Zeit sah es nicht so aus, als ob er versuchen wollte, Land zu erreichen. Auf der anderen Seite des Flusses stieg das Land zu einem steilen Ufer auf, und ab und zu schimmerte das Ufer durch das Schneegestöber; dennoch glaubte Bjartur hier in keiner besseren Lage zu sein als ein Mensch draußen auf dem weiten Meer in einem Boot ohne Ruder.«

Am Ende kann sich Bjartur jedoch ans Ufer retten. Somit entkommt er dem gefürchteten Gletscherfluß Jökla lebendig, was in der Realität kaum je einem Menschen gelungen ist.

Herðubreið, die Königin der Berge in der Missetäterwüste

3. Durch den Norden – von Europas größtem Wasserfall über den Mückensee und Akureyri zum Skagafjörður

Dettifoss – Askja – Herðubreið – Nýja hraun – Mývatn – Hof Skútustaðir – Goðafoss – Bárðardalur – Hrísey – Akureyri – Hörgárdalur – Öxnadalur – Drangey – Hof Reykir

Wo nie ein Blümlein zur Sonne lacht

Auf der Ostseite des wasserreichen Gletscherflusses Jökulsá á Fjöllum führt ein Weg zu Europas größtem Wasserfall **Dettifoss**, der mitten in der Einöde von einem Felsvorsprung 44 Meter in die Tiefe stürzt. Auch wenn der zehnminütige Weg vom Parkplatz zum Wasserfall etwas holprig und mühsam ist, lohnt sich der Abstecher.

In der früheren Hälfte des 20. Jahrhunderts hat der isländische Sagaforscher Sigurður Nordal in einem Essay den Versuch unternommen, den Lesern, die den Wasserfall nie gesehen hatten, seine Begegnung mit dem »König der Wasserfälle« Europas zu vermitteln. Die Westseite, von der sich der Forscher dem Wasserfall in der Beschreibung nähert, ist nur über eine damals häufig benutzte, heute aber wesentlich schwieriger und nur mit Allrad zu befahrende Piste zugänglich.

»Versuchen Sie sich den Wasserfall Dettifoss vorzustellen. Hier fällt der Fluß Jökulsá á Fjöllum, auf dem es von den Bergen bis zum Meer keine einzige Furt gibt, in das Ende eines 170 Fuß tiefen Canyons hinunter.

Wenn der Reisende ans westliche Ufer kommt, sieht er den Fluß sich an der Ostkante ausbreiten und dann in die Tiefe verschwinden. Der Wasserfall strömt aber nicht gleichmäßig, er fällt. Der Fluß ist so ungeheuer stromhart, und der Fels so steil, daß das Wasser nach vorne über die Kante geschleudert wird, in massiven Planken, die beim Fallen plat-

1 *Dettifoss* 2 *Askja* 3 *Herðubreið* 4 *Herðubreiðarlindir* 5 *Nýja hraun* 6 *Mývatn* 7 *Hof Skútustaðir und Kratergruppe Skútustaðagigar* 8 *Goðafoss* 9 *Sandhaugar* 10 *Lundarbrekka* 11 *Hrisey* 12 *Munkaþverá* 13 *Akureyri* 14 *Bægisá* 15 *Steinsstaðir* 16 *Drangey* 17 *Reykir*

zen und zerfetzt werden, sich in Wassersternchen auflösen, die wild durcheinandergewirbelt werden und einen schäumenden Schweif hinter sich herziehen. Der Name Dettifoss zeugt von sehr subtiler Beobachtung. Ständig fallen neue Planken aufeinander und verschwinden im Dampf des Canyons. Der Wasserfall fällt ununterbrochen, wechselt aber von einem Augenblick zum anderen seine Form. Er zieht das Auge an sich – plötzlich hat der Zuschauer das Gefühl, daß er mit hoher Geschwindigkeit ins All fliegt, und rein

instinktiv greift er nach etwas, an dem er sich festhalten kann. Genauso wie dem Auge wird auch dem Geist schwindelig dabei. Diese vernunftlose, sinnlose Wut ist ein Balsam für die Seele. Menschen stehen davor wie vor einem Gericht, wo das Tiefste in ihrem Inneren gefordert wird. Der Verstand ist machtlos, der Wille gelähmt.«

So erging es wohl auch dem jungen Bauernsohn Kristján Jónsson aus dem nahe gelegenen Kelduhverfi, als er um 1860 mit seinem Pferd durch die Einöde ritt und plötzlich vor diesem spektakulären Anblick stand. Im Oktober 1861 wurde in einer Zeitung, die in Reykjavík erschien, sein Gedicht *Dettifoss* veröffentlicht. Den meisten Lesern war bis zu diesem Zeitpunkt der Wasserfall wohl völlig unbekannt. Das Gedicht erregte deshalb großes Aufsehen, und der Dichter wurde mit einem Schlag im Lande bekannt.

»Þar sem aldrei á grjóti gráu, / gullin mót sólu hlæja
   blóm ...«
»Wo nie vom Gestein, dem düstergrauen,
Ein goldig Blümlein zur Sonne lacht;
Wo schneeweiße Wogen mit grimmigen Klauen
Die hohen Kräfte erfassen mit Macht ...«

Und später heißt es:

»Es spielen durch Wolken die hellen Strahlen
Der Sonne auf dir in lustigem Tanz.
Doch über die tosenden Wogen sie malen
Des Regenbogens farbigen Glanz.«

Im Gedicht erscheint der Wasserfall auch als Person, was möglicherweise einen besonderen Reiz für die Leser hatte:

»Die Halme welken, die Stürme tosen.
Wild bäumt die Woge sich auf der See;
Auf roten Wangen erbleichen die Rosen
Im eiskalten Wind von Kummer und Weh.
Es brennen Tränen auf blassen Wangen,
Denn keine Ruhe findet das Herz;
Doch ob nun Geschlechter gekommen, gegangen,
Du lachtest immer und warst voll Scherz.«

Als man herausfand, daß der junge Dichter der Sohn eines armen Bauern war, beschlossen einige wohlhabende Männer, ihm eine anständige Schulausbildung zu finanzieren. So kam der junge talentierte Dichter aus dem Norden nach Reykjavík auf die Lateinschule. Die hat er jedoch nie absolviert, denn in der Hauptstadt verfiel er bald dem Alkohol. Zudem soll er schon immer zu Schwermut und Weltschmerz geneigt haben. Nach einer kurzen Zeit als Hauslehrer bei einem Kaufmann in einem kleinen Ort im Nordosten starb er schließlich mit nur sechsundzwanzig Jahren.

In der letzten Strophe seines Jugendgedichts über den Dettifoss fordert der Dichter seinen Freund, den Wasserfall auf, höhnisch über seinen eigenen Tod zu lachen. Es ist, als wolle er dem Wasserfall anvertrauen, daß er nicht mehr lange unter den Lebenden weilen werde.

»In deinen Wogen zu ruhn ich mich sehne,
Wenn einst mein Ende gekommen ist;
Hier, wo gewiß kein Mensch eine Träne,
An meinem entseelten Leib vergießt;
Und wenn die Gemeinde mit Klagen und Weinen,
Umsteht einen anderen toten Sohn,
Dann lache du über meinen Gebeinen,
Wie Riesen lachen – mit stolzem Hohn!«

Etwas westlich der Brücke über Jökulsá á Fjöllum befindet sich auf der Südseite der Straße ein einsames Straßenschild. Es weist zu den beiden Orten Herðubreiðarlindir und Askja. Hier beginnt ein äußerst mühsamer Weg, der nur mit einem Allradfahrzeug zu bewältigen ist. Im Sommer gibt es von Mývatn aus auch reguläre Busfahrten nach Askja. Wer die Gelegenheit hat, entweder auf eigene Faust oder mit einer organisierten Exkursion in dieses Gebiet zu gelangen, sollte es auf keinen Fall versäumen. Diese Region gehört zu den aufregendsten und zugleich geheimnisvollsten Naturphänomenen des Landes. Im Bewußtsein der Einheimischen wird sie immer mit einem mysteriösen Unglück verbunden, das sich hier vor hundert Jahren zugetragen hat.

Der Vulkan **Askja** befindet sich im Gebirge Dyngjufjöll. Bis zum Ende des 19. Jahrhunderts war dieser Teil des Landes den meisten Isländern völlig unbekannt. Nur vereinzelt hatten sich Menschen in diese abgelegene Region verirrt. Erst 1875 machte der Vulkan mit einem folgenschweren Ausbruch auf sich aufmerksam. Anfang jenes Jahres sahen die Einwohner Nordislands gelegentlich dunkle Wolken aus dem Gebirgsmassiv des Dyngjufjöll emporsteigen, außerdem gab es immer wieder leichte Erdbeben. Am 29. März 1875 begann in der Askja-Kaldera ein heftiger Vulkanausbruch. Gewaltige Aschemengen aus dem Vulkan legten sich über die Wiesen im Nordosten des Landes. Der Ausbruch war so heftig, daß die Asche sogar mit Winden über das Meer bis nach Skandinavien getragen wurde.

Infolge der großen Zerstörung, die dieser katastrophale Ausbruch verursachte, waren viele Bauernfamilien aus der am schlimmsten betroffenen Region dazu gezwungen, ihre Höfe zu verlassen. Wenige Jahre zuvor waren manche Isländer dem Ruf der kanadischen Behörden gefolgt und waren nach Kanada übersiedelt.

Die zerstörerische Macht des Askja-Ausbruchs führte dazu, daß ihnen zahlreiche Einwohner des Ostens und Nordostens folgten und nach Amerika auswanderten.

Schätzungsweise haben in der Zeit von 1870 bis 1914 insgesamt 15 000 Isländer das Land verlassen, um sich im Westen niederzulassen, immerhin fast 20 Prozent der damaligen Gesamtbevölkerung.

Nach der großen Vulkankatastrophe von 1875 reizte es viele europäische Naturwissenschaftler, diese spektakuläre Vulkanzone zu erforschen. Zu ihnen gehörte der deutsche Wissenschaftler Walther von Knebel. Mit Unterstützung der Königlich Preußischen Akademie der Wissenschaften trat von Knebel im Frühjahr 1907 zusammen mit dem Maler Max Rudloff von Berlin über Kopenhagen die Islandreise an. In Akureyri stieß der Geologe Hans Spethmann dazu.

Nachdem sie alle nötigen Vorbereitungen für die Expedition vor Ort getroffen hatten, begaben sie sich Ende Juni in Begleitung eines einheimischen Führers auf den mühsamen Ritt in die Berge. Nach mehreren Tagen erreichten sie den Kessel Askja im Gebirge Dyngjufjöll. Nach einem kurzen Aufenthalt kehrte der Führer mit den Pferden wieder um, da es für die Tiere in der Wüste kein Gras gab. In den nächsten Tagen waren die Wissenschaftler mit ihren Untersuchungen der frischen und nahezu unerforschten Vulkanlandschaft beschäftigt.

Am 10. Juli plante von Knebel eine Fahrt auf dem großen See, der sich nach den Ausbrüchen 1875 gebildet hatte. Zu diesem Zweck hatten sie ein Faltboot in die Berge mitgebracht. Mit großer Mühe hatten sie das Boot hinunter zum Ufer des äußerst schwer zugänglichen Sees gebracht.

Hans Spethmann nahm an diesem Morgen nicht an der Bootsfahrt teil, sondern begab sich auf den Weg zu wissenschaftlichen Erkundungen in den nördlichen Teil des Gebirges. Als er am Abend zum Zelt zurückkehrte, fand er dort seine Gefährten nicht vor. Er suchte sie vergeblich am See. Es war, als hätte sie die Erde verschluckt. Man hat sie seitdem nie wieder gesehen und auch das Faltboot nie gefunden.

Was an diesem Tag vor ungefähr hundert Jahren im Kessel

des Askja-Vulkans geschah, ist bis heute ungeklärt. Man vermutet, daß das Boot auf dem See gekentert ist und die beiden in dem über 200 Meter tiefen und eisig kalten See ertrunken sind.

Heute erinnert ein aufgeschichteter Steinhaufen an das geheimnisvolle Unglück. An dem Steinhaufen, oder der »Warte«, wie solche Haufen früher hießen, ist ein Metallschild mit den Namen der beiden Verschollenen angebracht.

Im darauffolgenden Jahr 1908 reiste die Verlobte Walther von Knebels, Ina von Grumbkow, mit einem ehemaligen Kollegen ihres verschollenen Verlobten nach Island, um den Unglücksort aufzusuchen. Über diese Reise veröffentlichte sie später ein bemerkenswertes Tagebuch.

Trotz aller Trauer konnte sie sich der Faszination dieser außergewöhnlichen Umgebung nicht entziehen. Am Ufer des Sees schrieb sie:

»Wie ein versunkenes Paradies ist dies alles ... Ewig unerreichbar für die Welt draußen, für ihren Lärm und Unfrieden, für das Wägen und Feilschen der Menge in engen Häusern, für alle Disharmonie materieller Knechtschaft.«

Und nach einem zehntägigen Aufenthalt in der mächtigen Kaldera kam sie nach einer Bootsfahrt über den unglücksvollen See zu einem höchst beeindruckenden Schluß:

»Wohl wenigen Sterblichen wird ein solch königliches Grab zu teil, wie den beiden, denen dieser majestätische, leuchtende Alpensee zur Gruft ward.

Nur Könige dürfen für ewige Zeiten in dem Grabe bleiben, in dem man sie zur irdischen Ruhe brachte. Sind denn, nach menschlichem Begriff, jene ungestört, die in den goldenen Särgen des Eskurial, in den Grabkammern der ägyptischen Pharaonen ruhen?«

Der isländische Philosoph und langjährige Universitätsrektor Páll Skúlason hat in einer Schrift mit dem Titel *Gedan-*

ken am Rande der Askja den Versuch unternommen, das einzigartige Erlebnis, dem ein Reisender in der majestätischen Welt der Askja ausgesetzt ist, philosophisch zu interpretieren:

»Zu Askja zu kommen ist wie erstmals auf die Erde zu kommen. Es verschafft Erdung. Deswegen entstehen dort Fragen über die Erde und uns selbst und unsere Verbindung zur Erde.

Zu Askja kommen hat deshalb – für mein Empfinden – eine einfache und klare Bedeutung: die Erde und sich selbst als Bewohner der Erde zu entdecken.«

Das heißt mit anderen Worten »zu spüren, daß das Leben an die Erde gebunden ist, um nicht zu sagen ihr entsprungen ist, zu spüren, daß sie die Voraussetzung für das Leben ist.«

Somit wird für den Philosophen diese abgelegene und majestätische Vulkanregion zu dem, was er als »Symbol der Erde« bezeichnet.

»Die Askja als Natursymbol ist die Voraussetzung für die menschliche Existenz und die Kultur ... Die Askja drängt uns dazu, unsere Erfahrung mit einer solchen Wirklichkeit zu artikulieren und über ihren Wert an sich nachzudenken. Wenn das stimmt, beruht die menschliche Welt auf der Askja: Sie ist der Schlüssel zum Rätsel des Lebens wie auch zu den aktuellen Problemen der Menschheit.«

Spielplatz der Götter

Als Walter Hansen in der zweiten Hälfte des vergangenen Jahrhunderts nach Island aufbrach, wollte er die Schauplätze der altnordischen Mythologie in Island entdecken. Mit den Götterliedern der alten *Edda* im Gepäck machte er sich auf die Suche – und wurde fündig. Auf dem knapp

1700 Meter hohen Tafelberg **Herðubreið** in der Nähe des
Askja-Vulkans über der **Ódáðahraun** (»Missetäterwüste«)
meinte er sogar Odins Hochsitz Hlidskjálf gefunden zu haben. Aus der *Edda* wußte er:

»... der Hochsitz, der Hlidskjalf heißt und,
Wenn Göttervater Odin auf diesem
Hochsitz sitzt, übersieht er die ganze Welt«

In Anbetracht der Überlieferung, daß die Gipfel von Bergen und Hügeln von den alten Germanen für besonders heilig gehalten wurden und oft einem bestimmten Gott geweiht waren, wurde er bei der Suche nach der Götterburg
auf den Herðubreið aufmerksam:

»Denn nur auf einem der Tafelvulkane Islands ist der Kra-
terkegel sichtbar: auf dem 1682 Meter hohen Berg Herdubreid. Die Kegelspitze erhebt sich 151 Meter über das Hoch-
plateau ... Der Tafelvulkan Herdubreid, ›Islands schönster
Berg‹, und ›König der Berge‹, wie er in vielen Geologiebü-
chern bezeichnet wird, ist identisch mit der Götterburg
Asgard.«

Hansen fühlte sich in seiner Annahme auch durch Ina von
Grumbkow bestätigt, die in ihrem Islandbuch *Isafold* den
Herðubreið assoziativ mit der »Götterburg« verglichen
und als eine »Weltbühne« gedeutet hat, »auf der die Helden
der Edda diese hehre Einsamkeit zu beleben erscheinen«.

Und Hansen findet nicht nur Odins Hochsitz Hliðskjálf
auf der Spitze des Herðubreið. Es gelingt ihm auch, Idafeld
in der Nähe des Berges auszumachen. Idafeld, der Spiel-
platz und Treffpunkt der Götter, ist nach den Worten des
Gelehrten Sigurður Nordal »ein ewig grünes Feld«, oder
»tún« (»Wiese«). In der Einöde Islands ist Gras äußerst
rar. Am Fuße des Berges Herðubreið befindet sich aber
eine der wenigen Oasen in der Missetäterwüste (Ódáðahraun): **Herðubreiðarlindir**. Diese Oase, die vor der Götter-

burg Asgard wie die Hofwiese vor einem Einödhof liegt, muß daher Idafeld sein. Hier trafen sich zu Urzeiten die Götter, um Brett- und Würfelspiele zu spielen; hier schufen sie Schmiedeöfen, Hämmer, Zangen, Amboß und anderes Werkzeug. Und hier werden die Asen auch nach der Götterdämmerung zusammenkommen und die in dem *Eddalied* erwähnten geheimnisvollen goldenen Tafeln finden …

In Hansens Augen gab es für diese Annahme noch einen weiteren Beweis: In der *Edda* ist zweimal von einem Tor zur Götterburg Asgard die Rede. Der Gipfel des Tafelvulkans Herðubreið galt jedoch lange Zeit als völlig unzugänglich.

Erst 1908 wurde das Gegenteil bewiesen, als Hans Reck, der Begleiter Ina von Grumbkows, als erster den Gipfel des Herðubreið bestieg und damit, ohne es zu ahnen, das Tor zur Götterburg Asgard fand.

Weihnachten in der Peterskirche

Zwischen der Abzweigung nach Askja und der Hexenküche bei Hverarönd, östlich von Mývatn, führt die Ringstraße durch die **Nýja hraun** (»Neue Lava«). Am Rand der Lava steht südlich der Straße ein kleines Häuschen, das beim Schafabtrieb im Herbst verwendet wird und von den Einheimischen »Peterskirche« genannt wird. Der Name hat allerdings einen ganz anderen Ursprung als der der Kathedrale in Rom, denn die Hütte in der Lava wurde nach einem lokal bekannten Großbauern der Mývatn-Region benannt.

Im Dezember 1925 trägt sich um die Kirche eine Geschichte zu, die später in die Weltliteratur einging: Kurz vor Weihnachten ist Benedikt, ein Schafhirt aus der Mývatn-Region in dieser Gegend unterwegs, um nach verirrten Schafen zu suchen. Fjalla-Bensi (»Berg-Bensi«), wie ihn seine Zeitgenossen nannten, gerät, nachdem er einige Schafe in der Einöde gefunden hat, in einen der häufigen, heftigen Schneestürme. Er muß sie zurücklassen und versucht, sich bis zur Peterskirche zu retten, nur begleitet von seinem Hund Leo und einem Hammel, der ihm bei der Schafsuche nützlich ist. Er schätzt, daß er drei Stunden für diesen Weg brauchen würde.

Doch obgleich Bensi diese Gegend wie seine Westentasche kennt, verliert er bald jede Orientierung. Als es zudem noch dunkel wird, beschließt er, sich mit seinem Hund Leo in den Schnee einzugraben, um sich vor dem Wüten des Sturmes zu schützen und Kräfte zu sammeln. Als er sich nach einiger Zeit an die Oberfläche gräbt, muß er feststellen, daß seine Kleider durch geschmolzenen Schnee feucht geworden sind und schnell anfrieren, was das mühsame Laufen im Sturm noch mühsamer macht. Nach kurzer Zeit friert auch noch der Schnurrbart an seiner Nase zu, so daß er Probleme mit dem Atmen bekommt. Nun bleibt ihm nichts anderes übrig, als den zugefrorenen Bart unter Schmerzen mit einem ziemlich unscharfen Taschenmesser grob abzuschaben. Schließlich findet Bensi die kleine Peterskirche und kann sogar einige Schafe wieder zusammentreiben.

Am Weihnachtstag will er die Schafe dann von der Peterskirche zu den Höfen treiben. Kaum aufgebrochen, bricht jedoch ein noch heftigerer Schneesturm aus, so daß er sich erst am zweiten Weihnachtstag zu den Höfen retten kann. Die Schafe muß er dabei in den Bergen zurücklassen. Am Tag darauf wird das Wetter besser, so daß einige Bauern die Schafe von den Bergen herunterholen können.

Sechs Jahre später erschien in einer isländischen Zeitschrift ein Bericht über diese gefährliche Weihnachtswanderung.

Der Autor Gunnar Gunnarsson, der damals in Dänemark lebte, las diesen Artikel und machte aus dem Stoff eine Kurzgeschichte mit dem Titel *Der gute Hirte*. Fünf Jahre später wiederum, als er gebeten wurde, für den deutschen Reclam Verlag eine Novelle zu schreiben, verarbeitete er diesen Stoff erneut. Es entstand *Advent im Hochgebirge*.

Keins von Gunnarssons Werken hat eine derartige Verbreitung gefunden wie diese kleine Geschichte vom Kampf des Hirten Fjalla-Bensi gegen die gnadenlosen Naturgewalten im Nordosten Islands. Die Novelle wurde in zahlreiche Sprachen übersetzt. Allein in den Vereinigten Staaten erreichte das Buch eine Auflage von 250 000 Exemplaren. Es heißt außerdem, daß diese Erzählung Hemingway zu seinem weltbekannten Werk *Der alte Mann und das Meer* inspiriert habe.

Die Beliebtheit der Erzählung liegt zu gewissen Teilen in der eindrücklichen Schilderung der Einheit des Menschen mit der wilden Natur:

»Benedikt blickte zum Himmel hinauf. Das Sternenrad dort oben hatte schon eine Vierteldrehung gemacht, seit er den Kopf aus der Haustür auf Jökli gesteckt hatte. Solchen Schwung hat die Zeit, ob man ihr nun folgt oder nicht. Doch schön ist's, mit den Sternen zu wandern und gleich ihnen in Bewegung zu sein. Es ging sich gut hier. Die verschneiten Berge wirkten im Mondlicht so niedrig und fern, und hier und da spiegelten sich Streifen von Sternenlicht in schwarzblankem, nächtlichem Eis. So eine Wanderung war wie ein Gedicht mit Reimen und herrlichen Worten; sie wurde im Blut zu einem Gedicht.«

Und wenn die Nacht einbricht und der gnadenlose Sturm einsetzt, muß der Wanderer, der völlig auf sich selbst gestellt ist, in dem öden Land all seinen Mut zusammennehmen:

»Kein Spalt darf offen bleiben für die Geister des Unwetters, kein Ritz, durch den Angst oder Zagen oder der Wahnsinn der Natur einsickern könnte. Denn Leben und Tod liegen hier auf den Schalen der Waage – wohin sinkt die Schale? Da kann einzig der Mut helfen, der ungebeugte, unbeugsame Sinn.«

Wenn Benedikt allein in der Wüste gegen den Sturm kämpft und mit allen Kräften nach einem Ausweg sucht, ist er in seinem innersten menschlichen Element. In solchen Stunden ist er dabei, der Bestimmung des Menschen zu entsprechen, seine Aufgabe zu erfüllen.

»Es ist des Menschen Aufgabe, einen Ausweg zu finden – vielleicht seine einzige. Nicht nachzugeben. Wider den Stachel zu löcken, so spitz er auch ist. Selbst wider den Stachel des Todes, bis er sich einbohrt und das Herz trifft. Das ist des Menschen Aufgabe.«

Die Popularität von Gunnar Gunnarssons Novelle *Advent im Hochgebirge* dürfte nicht zuletzt in solchen in die Erzählung eingeflochtenen natur-metaphysischen Überlegungen liegen.

Mörderische Verschwörung am See

Hinter den brodelnden Schlamm- und Schwefelquellen am Fuße des Berges **Námafjall** neben der Ringstraße, wo in früheren Zeiten Schwefel abgebaut wurde, fahren wir aus dem Osten kommend über den kleinen Paß **Námaskarð**. Auf der Westseite des Passes öffnet sich ein Blick auf den **Mývatn** (»Mückensee«), mit seinen knapp 40 Quadratkilometern Fläche der fünftgrößte See des Landes.

Auf dem Weg zum See lohnt eine Unterbrechung der Fahrt, um sich in den herrlichen Jarðböð (»Erdbäder«) mitten in der schwarzen Lava zu entspannen, und natürlich sollte

»Pseudokrater« im Mývatn

man auch einen Abstecher in die Lava machen, um einen Blick in die an der Straße ausgeschilderte Erdspalte **Grjó-tagjá** zu werfen. Hier genossen die Einheimischen viele Jahrhunderte lang das warme Wasser des Erdinneren, bis es Mitte der siebziger Jahre infolge eines Vulkanausbruchs, der in der Nähe des Berges Krafla begann und mit Unterbrechungen neun Jahre dauerte, zum Baden zu heiß wurde.

Am Mývatn wohnte zur Zeit der Sagas Víga-Skúta. Nach ihm wurde sein Hof **Skútustaðir** benannt. Einen Hof mit diesem Namen gibt es noch immer am südlichen Ende des Sees. Hier stehen auch eine kleine Kirche und ein Gemeindehaus. Den Häusern gegenüber liegen die **Skútu-staðagígar**, eine Gruppe schön geformter Pseudokrater, die durch Dampfexplosionen bei Lavaausbrüchen in längst vergangenen Zeiten entstanden sind.

Skúta fuhr in jungen Jahren für längere Zeit ins Ausland. Nach Island zurückgekehrt, stellte er fest, daß sein friedlicher Vater getötet worden war. Er nahm für seinen Vater Rache und tötete viele von denen, die den Tod seines Vaters mitzuverantworten hatten. Er galt als ein besonders harter Kämpfer und erhielt daher den Spitznamen Víga-Skúta (»Mord-Skúta«). Seine Feinde versuchten mit allen Mitteln, an ihn heranzukommen, unter anderem, indem sie Meuchelmörder anheuerten, um ihn zu beseitigen. Einer davon hieß Grímur. Er sollte zu Skúta gehen und um Aufnahme bitten, unter dem Vorwand, daß ihn alle verlassen hätten und keiner ihm helfen wolle.

Es geschah wie geplant, und Grímur blieb den Winter über bei Skúta, der ihn gut versorgte, und wartete geduldig auf eine Gelegenheit, ihn zu ermorden.

»Im Frühjahr fuhren Skúta und Grim eines Tages zusammen zu den Netzen im See. Nach einer Weile löste sich Skútas Schuhriemen auf; als er anhielt, um den Schuh zu binden, überfiel ihn Grim und hieb nach Skúta. Skúta trug einen weißen Kittel und darunter eine Brünne. Grims Axt verfing sich im Kittel, weshalb Skúta nichts geschah. Er packte Grim und fragte, wie er so falsch und treulos sein könne. Der aber sagte sogleich, daß Thorgeir ihn hergesandt habe, und bat um Gnade. Das versprach ihm nun Skúta keineswegs, obwohl er überzeugt war, daß Thorgeir der Anstifter war. Es wird berichtet, daß Skúta Grim ganz nackt hinaus auf einen Holm im Mückensee brachte. Er band ihn an einen Pfahl und sprach, da müsse er bleiben, bis Thorgeir ihn befreie. Dann fuhr Skúta heim und sandte Thorgeir Nachricht. Thorgeir fragte seine Leute, ob sie dem Mann helfen wollten. Aber sie sagten, es kümmere sie nicht, wo er sei, und weigerten sich, ihm zu helfen, und so ließ er dort sein Leben auf dem Holm, von Hunger und Mückenstichen gequält, denn er hatte ja keine Kleider an.«

Ein grausamer Tod – doch wenn es darum ging, Rache zu nehmen, kannten die Isländer in alten Zeiten keine Gnade.

Flammenburg der Götter

Auf seiner Entdeckungsfahrt in die germanische Götterwelt stieß Walter Hansen nicht nur auf den Hochsitz Odins an der Spitze des Tafelvulkans Herðubreið. Er machte sich auch auf den Weg, die »Flammenburg« zu suchen, wo sich die »schöne Gerda« befindet. Nach der *Edda* müßte die Flammenburg in der Nähe von Odins Hochsitz liegen, denn von Hliðskjálf aus entdeckt Freyr Gerda im Flammenring: Als Freyr eines Tages zum Hliðskjálf geht, um sich die Welt anzuschauen, sieht er im Norden eine Frau, die auf ein schönes Haus zugeht. Laut der *Edda* hatten ihre Hände eine solche Ausstrahlung, daß sowohl Himmel und Erde von ihnen beleuchtet wurden. Der Gott ist so verliebt, daß er weder schlafen noch trinken kann, bis es ihm gelingt, Gerda zur Frau zu bekommen. Er schickt Skirnir als Brautwerber auf die Reise. Dieser reitet unterwegs über »feuchte Berge«. Hansen geht davon aus, daß damit Berge mit Solfatarenfeldern gemeint sind. Und solche Berge gibt es nur zwischen Herðubreið und Mývatn.

»Wer vom Herðubreið aus nördlich zum Mückensee fährt, der muß, eingehüllt in den Höllengestank der Solfataren, den Namafjall auf einer Paßstraße überqueren, die seit jeher dank schottrigen Untergrunds von den chemischen Zersetzungen der Schwefelexhalationen verschont wurde. Über diese Schotterstrecke führte zur Vorzeit ein alter Reit- und Wanderweg.«

Diesen Weg soll also Skirnir geritten sein, als er zu Gerda in ihrem Flammenring unterwegs war. Aber wo befindet sich dieser Flammenring? Hansen findet heraus, der Flammenring müsse aus vulkanischem Material gebildet sein, der ringwallförmig aufgeschüttet ist, also ein Ringwallvulkan.

»Und tatsächlich: Am Ufer des Mückensees erhebt sich der Ringwallvulkan Hverfjall, der schönste und regelmäßigste seiner Art, überdimensional in seinen Abmessungen: 1200 Meter Durchmesser am Kraterrand, 160 Meter hoch, etwa gleich hoch wie der Kölner Dom (157 Meter). Der Ringwallkrater Hverfjall entspricht genau der Flammenburg, wie sie in der Edda beschrieben ist.«

Zudem stellt Hansen fest, daß der Vulkan einer Burg gleicht, die sich über das Häusermeer einer Stadt erhebt.

»Denn die Natur, die Bühnenbildnerin der Göttersagen, hat sich hier einen besonderen Scherz erlaubt und am Fuß des Ringwallkraters eine Gespensterstadt errichtet, eine seltsame Lavaformation, die in der Tat aussieht wie das Labyrinth einer dämonenbewohnten Ruinenstadt … Diese Stadt aus Lavagestein ist auf Landkarten als Dimmuborgir verzeichnet … die dunkle Stadt.«

Für Hansen besteht also kein Zweifel daran, daß der Ringwallvulkan der Schauplatz der Liebesgeschichte zwischen dem mächtigen Fruchtbarkeitsgott Freyr und der schönen Gerda, Tochter des Bergriesen Gymir ist. Wie er mit Recht bemerkt, wundert es wenig, daß sich diese Geschichte mit ihren Fruchtbarkeitsmotiven hier am Mückensee zugetragen hat: Trotz der vielen Lavafelder, von denen die neuesten aus den Krafla-Ausbrüchen von 1975 bis 1984 stammen, sind die älteren inzwischen alle mit Moos bewachsen. Außerdem gibt es am See die bereits genannten Pseudokrater Skútustaðagígar, die ebenfalls weitgehend mit Gras und Moos bedeckt sind. Ringsherum wechseln sich grüne Hügel und dunkle Berge ab. Der Mückensee ist darüber hinaus ein wahres Vogelparadies, wo im Sommer riesige Scharen von Enten brüten, darunter die in Europa sehr rar gewordene Kragenente, die man nicht zuletzt an den Stromschnellen im Fluß Laxá und am Mückensee sieht. Wer im Sommer an der Brücke hält, die sich über den Laxá kurz hinter dem See spannt, wird von einem kleinen Spaziergang am Flußufer nicht enttäuscht. Abgesehen von den vielen Enten sind auch die saftig grünen Inselchen im Fluß für Naturliebhaber eine wahre Augenweide.

Fall der Götter – und der Trolle

Auf dem Weg von Mývatn nach Akureyri führt die Ringstraße an dem nur zwölf Meter hohen, aber besonders schönen Wasserfall **Goðafoss** vorbei, wo der Gletscherfluß Skjálfandafljót (»Der bebende Fluß«) in eine Spalte hineinstürzt.

Den Namen erhielt der Wasserfall von einem Ereignis, das sich hier vermutlich im Jahr 1000 abgespielt hat. Der Gode Þorgeir, der auf dem nahe gelegenen Hof Ljósavatn am gleichnamigen See wohnte, hatte auf dem Allthing im Süden beschlossen, daß alle Isländer Christen werden sollten. Als er nach dem Thing auf seinen Hof im Norden kam, beschloß er, die Götterbilder, die er noch zu Hause verwahrte, zu vernichten. Er schleppte die Götzenbilder zum Fluß und warf sie in einen Wasserfall, der seitdem den Namen Goðafoss (»Götterfall«) trägt. Auf dem Parkplatz beim Wasserfall erinnert eine große Tafel an dieses Ereignis.

Hier am Goðafoss spielt aber auch eine Episode aus der in Island populären *Grettis saga*. Grettir, der Starke, der eine Art Robin-Hood-Figur der Sagaliteratur darstellt, ist einer der beliebtesten Sagahelden Islands. Der Geächtete war ein Freund der Armen und der Mittellosen, und bewegte sich oft außerhalb der Gesetze.

Die Geschichte um Grettir beginnt damit, daß die Bauersfrau vom Hof **Sandhaugar** im Tal von **Bárðardalur** an Weihnachten nach Eyjardalsá zur Kirche ging. Ihr Mann, der Bauer, blieb aber daheim. In der Nacht hörten die Leute auf dem Hof aus dem Zimmer des Bauern schrecklichen Lärm. Aus Angst wagten sie jedoch nicht, aufzustehen und nachzuschauen. Als die Bauersfrau am nächsten Morgen heimkehrte, war ihr Mann verschwunden und tauchte nie wieder auf.

Im Winter danach wollte die Frau wieder zum Weihnachtsgottesdienst. Diesmal sagte sie ihrem Hausknecht, er solle zu Hause bleiben. Er tat es ungern, mußte aber gehorchen. Es passierte genau das gleiche: Am nächsten Morgen war der Knecht für immer verschwunden. Als die Leute vom Hof Blut an der Haustür fanden, waren sie sich sicher, die beiden seien von Trollen getötet worden. Grettir, der schon

Erfahrung hatte im Umgang mit Spuk und Wiedergängern, hörte von diesen Vorfällen und machte sich am Tag vor Weihnachten auf den Weg nach Bárðardalur. Er gab sich als Gestur aus. Als Gestur zum Hof kam, hatten die Leute Angst, denn er war schrecklich groß. Grettir bot der Bauersfrau an, ihr Haus zu hüten, während sie zum Gottesdienst gehen würde. Die Frau sagte, sie würde zwar selbst sehr ungerne in dieser Nacht zu Haus bleiben, komme aber nicht mit ihrer Tochter über den Fluß.

Grettir brachte die beiden über den Fluß. Einfach war das nicht, denn der Fluß war reißend und reichte bis an den Hals. Danach kehrte er zurück zum Hof.

»Nun ist von Grettir zu erzählen, daß er, als es auf Mitternacht ging, draußen lautes Dröhnen hörte. Darauf kam ein großes Trollweib in die Stube; sie hatte in einer Hand einen Trog und in der anderen ein recht großes Messer. Sie schaute sich um, als sie hereinkam, und sah, wo Gest lag, und ging auf ihn los, doch er sprang auf, ihr entgegen, und sie griffen einander heftig an und kämpften lange in der Stube. Sie war stärker, doch er wich geschickt aus, und alles, was ihnen in den Weg kam, zerbrachen sie, sogar die Bretterverkleidung der Giebelwand. Sie zog ihn durch die Tür und dann zum Eingang; dort wehrte er sich heftig. Sie wollte ihn aus dem Hof hinausziehen, doch das gelang nicht, ehe sie den ganzen Türrahmen herausbrach und ihn auf ihren Schultern hinaustrug; dann drängte sie ihn zum Fluß hinunter bis zu der Schlucht. Da war Gest schrecklich müde, aber es gab nur zwei Möglichkeiten für ihn, entweder seine Kräfte anzuspannen oder von ihr in die Schlucht gestürzt zu werden. Die ganze Nacht kämpften sie. Er glaubte, er habe, was die Stärke anbetraf, nie mit einem solchen Unhold zu tun gehabt. Sie hatte ihn so fest an sich gedrückt, daß er mit keiner Hand etwas tun konnte, sondern

Goðafoss, Schauplatz des »Götterfalls« und der *Grettis saga*

die Frau nur um ihre Mitte faßte; und als sie zu der vom Fluß durchtosten Schlucht kamen, riß er das Trollweib herum. Dabei bekam er seinen rechten Arm frei; er griff dann schnell zum Schwert, das er umgeschnallt hatte, zog es und schlug der Unholdin so auf die Schulter, daß er ihren rechten Arm abtrennte, und so kam er los. Sie jedoch stürzte sich in die Schlucht und dann in den Wasserfall.«

In der Morgendämmerung kehrte Gestur – oder Grettir – erschöpft auf den Hof zurück und berichtete der Bauersfrau, was sich ereignet hatte. Er hegte den Verdacht, es könnten sich in der Schlucht unter dem Wasserfall mehr Trolle versteckt halten. Obwohl der Priester von Eyjardalsá nicht daran glauben mochte, schlug er eine kleine Entdeckungsreise zum Fluß vor. Grettir entledigte sich seiner Kleider, steckte sein Schwert in den Gürtel und sprang von einem Felsen in den Wasserfall hinunter. Er tauchte hinter den Wasserfall und entdeckte dort eine große Höhle, in der viele Holzfackeln brannten und in der ein gewaltiger Riese hauste, den er mit seinem Schwert schlug, bis die Gedärme des Riesen in den Fluß fielen. Der Priester, der oben am Wasserfall wartete, sah die blutigen Innereien im Fluß und schloß daraus, daß Grettir tot sei, und ging zurück ins Dorf. Grettir aber fand dort angeblich sehr viel Gold und die Knochen zweier toter Menschen, die er in einen Beutel steckte.

Grettir kehrte zurück und erntete Ruhm in der Gegend, doch drang die Nachricht über seinen Aufenthalt auch zu einem seiner Hauptfeinde vor. Weil der nun seine Leute hinter ihm herschickte, mußte der Geächtete auf eine Insel im Skagafjörður fliehen, wo wir ihm an einer späteren Stelle noch einmal begegnen werden.

Das Tal von Bárðardalur, wo sich die Geschichte um Grettir und die Bauersfrau zugetragen hat, ist bereits im *Landná-*

mabók (»Landnahmebuch«) verzeichnet. Der erste Mensch, der sich hier niederließ, war der Norweger Bárður. Er baute seinen Hof in **Lundarbrekka**, auf der Ostseite des Flusses **Skjálfandafljót**, wo heute eine kleine Kirche steht. Bárður fand heraus, daß das Klima im Landesinneren angenehmer als das Meeresklima ist. In der Hoffnung, auf der Südseite der Berge besseres Land zu finden, schickte er seine Söhne auf eine Erkundungsfahrt. Sie stellten in der Tat fest, daß das Land im Süden grüner war, und so siedelte Bárður mit all seinem Hab und Gut um. Er ließ sich auf dem Hof Gnúpar, oder Núpar, im Südosten des Landes nieder.

Bárður nahm mit seinen Leuten und allen Tieren den Weg durch Vonarskarð, eine Route, die seitdem Bárðargata genannt wird und von der man heute weiß, wie sie verlief. Sein Weg, der nach der großen Wüste »Sprengisandur« genannt wird, führt von Bárðardalur im Norden zur Südküste bis in die Nähe von Hella. Er war tausend Jahre lang eine der beiden »Nationalrouten« zwischen Nord- und Südisland und ist heute für Reisende eine etwas mühsame, aber zugleich sehr beliebte und spannende Route durch das zentrale Hochland.

Frauen und Riesenvögel mit großen Schwingen

Über den **Víkurskarð** (»Vík-Paß«) erreichen wir die Region um den **Eyjafjörður** (»Inselfjord«), den Schauplatz der *Víga-Glúms saga*. Richtung Norden blicken wir an der Westseite des Fjordes auf die kleine Insel **Hrísey**, auf der es ein Fischerdorf gibt. Zwischen der Insel und dem Festland gibt es eine regelmäßige Fährverbindung. Auf beiden Seiten des Fjordes stehen hohe Berge, die manchmal bis zum Frühling mit einer Schneekappe gekrönt sind, und die Gegend südlich des Fjordes wird landwirtschaftlich genutzt.

Hier erstrecken sich die Bauernhöfe gut 20 Kilometer ins Landesinnere. Die Eyjafjörður-Region hat etwas Malerisches an sich, weshalb sie in der *Víga-Glúms saga* mit großartigen Bildern verbunden ist.

Víga-Glúmur, der Held der Saga, stammt – wie die meisten Isländer zu dieser Zeit – aus Norwegen. Sein geliebter Großvater Vigfús wohnt noch dort.

»Es wird erzählt, daß Glúm eines Nachts träumte, er stehe draußen auf seinem Hof und schaue auf den Fjord hinaus. Er glaubte zu sehen, wie eine Frau vom Meer her durch den Bezirk schritt und nach Þverá (Querach) auf ihn zu kam; sie war so groß, daß die Schultern auf beiden Seiten die Berge berührten. Er aber ging ihr aus dem Gehöft entgegen und lud sie zu sich ein. Dann erwachte er.«

Den Traum deutet Glúmur als Hinweis auf den Tod seines Großvaters Vigfús in Norwegen – was sich später auch bewahrheitet. Die Frau, meint Glúmur, sei sein »Folgegeist«, der sich bei ihm einen Wohnsitz gesucht habe.

Auch in Snorri Sturlusons *Heimskringla* (»Königsbuch«) aus dem 13. Jahrhundert findet der Eyjafjörður Erwähnung. Darin wird erzählt, daß König Harald Gormson mit einem Heer nach Island fahren wollte, um sich an den Isländern für ihre Spottgedichte auf ihn zu rächen. Die Isländer waren über die Dänen verärgert, weil diese ihnen die Ladung eines gestrandeten Schiffs gestohlen hatten. Um ihrem Ärger Luft zu machen, nahmen sie sich vor, den dänischen König mit Gedichten zu verspotten, übrigens eine Waffe, welche die Isländer noch heute gegen ihre Feinde einsetzen. Vor der Fahrt schickte der König einen Spion nach Island, um die Verhältnisse im Land zu erkunden.

»König Harald hieß einen Zauberer in verwandelter Gestalt nach Island fahren, um zu sehen, was er ihm von dort erzählen könnte, und jener schwamm dorthin in der Gestalt eines Walfisches. Als er nach Island kam, schwamm er westwärts um das Nordland herum. Er sah, wie alle Berge und Hügel voll großer und kleiner Landwichte waren. Und als er vor den Vopnafjörður (»Waffenfjord«) kam, schwamm er in die Bucht hinein und wollte an Land gehen, als ein mächtiger Drache und viele Schlangen, Kröten und Eidechsen kamen und ihn mit Gift bespieen. Da machte er sich auf und schwamm weiter an der Küste entlang nach Westen bis zum Eyjafjörður. Er schwamm nun den Fjord aufwärts. Da flog ihm ein Vogel entgegen, so groß, daß seine Schwingen die Berge an beiden Seiten berührten, und mit ihm eine Masse anderer Vögel, große und kleine.« Im Westen stieß der Zauberer auf einen großen Stier und im Süden auf einen Bergriesen. Diese vier Ungeheuer, die dem »Spion« des Königs den Zugang zum Land verwehren, der Drache, der Riesenvogel, der Stier und der Bergriese haben heute im Staatswappen Islands ihren Platz.

Bevor der Zauberer wieder zurückkehrt, schwimmt er noch nach Osten, an der Südküste entlang. Seine Beschreibung trifft heute noch auf die besondere Beschaffenheit der Südküste zu:

»Da war nichts als Sandbänke und hafenlose Einöden und draußen davor gewaltige Brandung, aber das Meer zwischen den einzelnen Landstrecken war so groß, daß ... Langschiffe kaum hinüberkommen konnten.«

Nach diesem Bericht hat König Harald Gormson wenig Lust, mit seinem Heer nach Island zu fahren. Somit haben die Landvaettir (»Landwichte«) Island vor dem Angriff des Königs gerettet.

Kehren wir aber zur *Víga-Glúms saga* zurück: Als Glúmur von einer Norwegenreise zurückkehrt, erfährt er, daß seine verwitwete Mutter von ihren Nachbarn belästigt worden ist, um sie von ihrem Hof **Þverá** (heute **Munkaþverá**) zu vertreiben. Als Glúmur davon erfährt, tötet er eines Tages Sigmund, den Nachbarn und Hauptfeind seiner Mutter, auf dem Acker Vitaðsgjafi (»Sichergeber«), um den Schikanen ein Ende zu setzen. Nach dem Totschlag läßt Glúmur Sigmunds Leuten übermitteln, sie sollten sich um Sigmund kümmern, da er nicht mehr in der Lage sei, »auf eigene Faust vom Acker wegzukommen«.

Als ich vor einigen Jahren in der Gegend unterwegs war, traf ich den Bauern Birgir Þórðarson vom Hof **Öngulsstaðir**. Er ist ein exzellenter Kenner der Saga. Gemeinsam fuhren wir nach Þverá (oder Munkaþverá). Birgir erklärte mir, Glúms Hof habe im Mittelalter seinen Namen geändert, als hier ein Mönchskloster errichtet worden sei. Er glaubte auch, die *Víga-Glúms saga* sei von einem der Mönche in diesem Kloster geschrieben worden. Dafür spreche die Tatsache, daß sich der anonyme Autor in der Region offensichtlich sehr gut ausgekannt habe. Und im übrigen sei die Saga für die Eyjafjörður-Region in bestimmter Hinsicht sehr charakteristisch. Zum einen sei es ungewöhnlich, daß eine Saga räumlich so stark eingegrenzt sei: Sie spiele, abgesehen von Glúms Jugendreise nach Norwegen, fast ausschließlich in der von Bergen umrahmten Region am Fjord. Und zum anderen sei die Rolle des Ackers Vitaðsgjafi, um den in der Saga viel gestritten werde, ein weiteres Zeugnis für den spezifischen Eyjafjörður-Charakter der Saga.

Der Eyjafjörður ist eine der fruchtbarsten landwirtschaftlich nutzbaren Gegenden Islands. Ein Streit um einen ergiebigen Acker ist für die Menschen deshalb eine lebenswichtige Angelegenheit. Wo sich der Acker aus der Saga befindet, läßt sich nicht so leicht ausmachen. Birgir deutete jedoch auf den Fluß hinunter und klärte mich darüber auf, daß der Acker aller Wahrscheinlichkeit nach auf dem südlichen Ufer des Flusses gewesen sei, in der Mitte zwischen den beiden Höfen Þverá und **Espihóll**, auf dem Glúms Feinde wohnten und der heute noch auf der anderen Seite des Flusses steht.

Am Hof Þverá – neben dem großen Denkmal des letzten katholischen Bischofs Islands, Jón Arason, der 1484 hier geboren wurde – bietet sich ein guter Blick auf den Fluß. Von hier kann man sich gut vorstellen, wie die Landwirte von damals mit Schwertern und Äxten um ihr Ackerland kämpften, um sich im gnadenlosen Existenzkampf der Siedlungszeit zu behaupten.

Der kleine Junge und das Meer

Wenn wir von Osten nach **Akureyri** kommen, fahren wir zunächst am sogenannten **Fjaran** (»Ufer«) entlang. Hier ist der Pollurinn (»Teich«), wie der Teil des Fjordes hier genannt wird, in der Regel ruhig. Um die Mitte des 19. Jahrhunderts sah es am Ufer des »Teichs« völlig anders aus. Damals reichte das Meer fast bis an die wenigen kleinen Häuser am Hang heran.

Im Juni 1865 zieht ein armes Ehepaar von Mödruvellir, einem Torfgehöft nördlich vom Ort, mit vier Kindern und ihren gesamten Habseligkeiten nach Akureyri. Der Vater ist von Krankheiten und hartem Schicksal gezeichnet. Innerhalb weniger Jahre hat er zwei Kinder und einen Säugling verloren. Aber auch in Akureyri ist ihm kein langes Leben beschieden. Vier Jahre nach dem Umzug, im Sommer 1869, erkrankt er und stirbt. Die Mutter bleibt mit fünf minderjährigen Kindern zurück. So nimmt sie das Angebot des französischen Adeligen de Foresta an, ihrem Sohn Jón Svensson, Nonni, das Studium an einer Jesuitenschule zu finanzieren.

Nachdem Nonni von der Mutter die freudige Nachricht über sein künftiges Studium in Frankreich gehört hat, steigt er auf den Hang hinter dem kleinen Haus der Familie und setzt sich dort auf einen Stein. Er schaut in die Ferne, während ihm in diesem schicksalsträchtigen Augenblick – immerhin muß er seine geliebte Mutter verlassen – viele Gedanken durch den Kopf gehen.

»Im Westen stiegen die hohen Berge bis hinauf zu den Wolken, im Osten sah ich die spiegelblanke Wasserfläche des Eyjafjörður und darüber hinweg die Bergkette Vaðlaheiði.

Weit, weit draußen im Norden entdeckte ich mitten im Fjord einen kleinen schneeweißen Punkt, der einer schwimmenden Möwe glich. Es war ein einsames Segelschiff, das, wie es schien, fortsegelte. Es fuhr wohl hinaus auf das offene Meer, in den Atlantischen Ozean.

Auf so einem kleinen Fahrzeug, dachte ich, werde ich auch bald sein und zu einem fernen, sonnigen Strande fahren ...«

Jener Stein, auf dem Nonni saß und über seine Zukunft nachdachte, befindet sich noch heute dort. Er ist eine der Stationen auf dem sogenannten »**Nonnipfad**«, einem kleinen Rundgang in der Umgebung des »**Nonnihauses**«. Eine andere Station auf dem Pfad ist das Grab des Vaters. Nonnis Mutter ist allerdings in weiter Ferne begraben, denn sie wanderte nach Amerika aus und kehrte nie nach Island zurück.

Nach einem langen und glücklichen Leben als Jesuitenpfarrer begann Pater Jón Svensson in seinen mittleren Jahren, Kinderbücher auf Deutsch zu schreiben.

Sein erstes, *Nonni*, erschien 1913 beim Herder Verlag, dem in den nächsten Jahren viele weitere folgten. Mit der Zeit wurden Nonnis Bücher, die von seinen Kindheitserlebnissen in Island handeln, in viele Sprachen übersetzt und der

Der Heimatort von Jón »Nonni« Svensson: Akureyri

ganzen Welt bekannt. Nonni reist um die ganze Welt und hält Vorträge.

Als er mit dem Schreiben begann, stand für ihn fest, daß er seine Bücher auf Deutsch schreiben wollte, doch war er nicht sonderlich geübt in der deutschen Sprache. Er fragte einen Glaubensbruder um Rat. Dieser legte ihm nahe, er solle Deutsch von dem großen Meister dieser Sprache, Goethe selbst, lernen. Daraufhin schloß sich Nonni wochenlang ein und las die Werke Goethes, um sich ein gutes Deutsch anzueignen.

Jón Svensson, oder Nonni, wie er sich selbst nannte, hat das Islandbild junger Leser im Ausland jahrzehntelang stark geprägt. Natürlich waren die Abenteuer, die Nonni beschreibt, nicht alle der Wahrheit gemäß. Es wird aber kaum jemanden gestört haben, wenn er bei einem Besuch in Akureyri feststellen mußte, daß es wohl sehr unwahrscheinlich, wenn nicht sogar ausgeschlossen ist, daß Nonni auf dem Fjord vor dem Ort auf Eisbären traf.

Obwohl Nonnis Bücher heute in den Augen vieler Leser als »veraltet« gelten, werden sie bis zum heutigen Tag, zumindest auf Deutsch, als »klassische« Kinderliteratur gedruckt. Nach einem erfüllten Leben ist Jón Svensson 1944 im Alter von sechsundachtzig Jahren in Köln gestorben, wo er auf dem Melatenfriedhof begraben wurde. Sowohl seine Grabstätte als auch das Haus in Akureyri, in dem er seine Kindheit verbrachte, sind für Isländer und Nonnifreunde aus aller Welt eine Pilgerstätte geworden. Heute befindet sich in dem Haus ein dem Autor gewidmetes **Museum**. Hier kann man nicht nur die Übersetzungen der Nonni-Bücher in zahlreichen Sprachen ansehen, sondern auch die Verhältnisse der Menschen im 18./19. Jahrhundert studieren.

Klopstocks Messias und ein toter Küster

Man fragt sich, was der deutsche Dichter Klopstock und ein toter Küster im Norden Islands gemeinsam haben? Die Lösung dieses Rätsels erwartet uns in **Bægisá**, einem Bauernhof im Tal **Hörgárdalur** an der Ringstraße westlich von Akureyri. Ein unauffälliges Schild am Straßenrand weist auf Bægisá hin. Neben dem Hof liegt eine kleine Kirche.

Hier diente von 1787 bis 1819 der Pfarrer Jón Þorláksson. Er hatte zuvor im mittleren Westen des Landes als Pfarrer gearbeitet, wegen unehelicher Kinder jedoch zweimal das Amt und die geistliche Würde verloren. Das Amt in Bægisá hatte er aber ohne weitere Mißtritte bis zu seinem Lebensende inne. Auch wenn Jón Þorláksson sein Leben unter äußerst ärmlichen Bedingungen auf dem Hof Bægisá zubrachte und er Island niemals verlassen hat, gelang es ihm, die isländische Literatur in ganz besonderer Weise zu bereichern, indem er den Isländern große Meisterwerke der internationalen Dichtkunst zugänglich machte. Er übersetzte einige berühmte Werke der Weltliteratur, darunter Miltons *Paradise Lost* und eben Klopstocks *Messias*.

Von einem Freund erhielt er eine dänische Übersetzung von Miltons großem epischem Gedicht. Später kam eine deutsche Übersetzung hinzu, und mit diesen beiden Übersetzungen machte er sich daran, Miltons Gedicht ins Isländische zu übertragen. Das englische Original hatte er jedoch nicht benutzt, denn er war der englischen Sprache nicht mächtig. Um das Gedicht so »isländisch« wie möglich zu halten, beschloß Jón Þorlaksson, das alte, aus der *Edda* stammende, stabreimende Versmaß Fornyrðislag zu benutzen. Die Übersetzung löste große Begeisterung aus. Sie wurde als ein eigenständiges sprachliches Kunstwerk gelobt. Ein schottischer Pfarrer, der sich für längere Zeit in Island aufhielt, schrieb über die Übersetzung seines nordischen Kollegen:

»Es ist nicht bloß allen anderen Übersetzungen Miltons überlegen, sondern es wetteifert auch mit dem Original, und an manchen Stellen, wo die Phraseologie der Edda eingeführt ist, scheint es dasselbe sogar zu übertreffen.«

Klopstock, der »Sänger des Messias«, war um die Mitte des 18. Jahrhunderts unter dänischen Dichtern sehr beliebt. Diese Popularität wurde durch isländische Dichter, die in Kopenhagen lebten, in ihre Heimat weitergetragen, wo das Werk schließlich vom Pfarrer von Bægisá im Alter von siebzig Jahren ins Isländische übertragen wurde. Für seine Übersetzung der *Messiade* entschied er sich nochmals für die eddische Versform Fornyrðislag, auch wenn Klopstock im Original Hexameter verwendet hatte. Damit man sich vorstellen kann, wie diese beiden Versformen aussehen, folgen hier zunächst einige Zeilen von Klopstock und anschließend Jón Þorlakssons isländische Nachdichtung derselben:

»Wie zu der Zeit des belebenden Winters ein heiliger
    Festtag
Über beschneyten Gebirge nach trüben Tagen
    hervorgeht;
Wolken und Nacht entfliehen vor ihm,
    die beeisten Gefilde,
Hohe durchsichtige Wälder entnebeln ihr Antlitz,
    und glänzen . . .«

»Líkt sem, nær líðr
at lífgun vetrar,
heilagr rennr
hátíðar dagr
yfir snyfin fjöll

eptir snarpa hríð;
ský og skugga nótt
skunda á flótta;
ís huldar hæðir
ok háir skógar,
sem í gegnum sést,
sína birta
ásýnd án þoku
alskínandi!«

Man sagte dieser sprachlichen Meisterdichtung damals nach, »durch ihre altisländische Kraft« vermöge die Übersetzung das deutsche Original zu heben.

Diese letzte große sprachliche Leistung hat allerdings an Jón Þorlákssons körperlichen Kräften gezehrt. Im Oktober 1819, nur wenige Monate nachdem er Klopstocks *Messiade* auf meisterhafte Weise zu Ende übersetzt hatte, starb er mit fünfundsiebzig Jahren auf seinem Hof Bægisá. Kurz vor seinem Tode bewilligte ihm der dänische König ein Dichtergehalt, an welchem sich der zeitlebens arme Dichter aber nur noch wenige Monate erfreuen konnte. Außerdem erhielt er von einer englischen Literaturgesellschaft ein Ehrengeschenk.

Der Hof Bægisá hat jedoch noch auf andere Weise Berühmtheit erlangt: Hier spielt eine der berühmtesten Gespenstergeschichten, die sich in Island zugetragen haben soll. Vor langer Zeit lebt ein Dienstmädchen namens Guðrún beim Pfarrer von Bægisá. Guðrún hat ein Liebesverhältnis mit dem Küster von Myrká im Myrkártal, jenseits des Flusses Hörgá. Einmal reitet der Küster kurz vor Weihnachten nach Bægisá, um seine Geliebte zum Weihnachtsfest nach Myrká einzuladen. Er verspricht ihr, sie zur abgemachten Zeit am Heiligabend zum Fest abzuholen. In

125

den Tagen zuvor hat es heftig geschneit, und die Flüsse sind gefroren. Als der Küster zurückreitet, hat es aber Tauwetter gegeben, so daß das Eis auf den Flüssen nicht mehr sicher ist. Beim Überqueren des Flusses Hörgá bricht das Eis unter dem Küster, und er stürzt in den Fluß.

Am nächsten Morgen findet ein Bauer am nahe gelegenen Hof den Küster tot am Ufer. Die Leiche hat eine Wunde am Hinterkopf, die vermutlich durch eine Eisscholle verursacht wurde. Man bringt den toten Küster nach Myrká und begräbt ihn dort auf dem Friedhof. Wegen des schlechten Wetters kann aber in den darauffolgenden Tagen die Nachricht vom Tod des Küsters nicht nach Bægisá überbracht werden.

Als sich am Heiligabend das Wetter schließlich beruhigt und es an der Tür klopft, freut sich Guðrún über ihren vermeintlichen Geliebten, so daß sie eilig ihren Mantel anzieht – dabei vergißt sie, in einen der Ärmel zu schlüpfen – und nach draußen geht. Sie sieht das Pferd des Küsters vor der Tür stehen und daneben einen Mann, von dem sie glaubt, es sei ihr Geliebter. Er nimmt Guðrún und setzt sie auf das Pferd. Dann steigt er selbst auf und reitet schweigend los.

Als sie zum Fluß kommen, springt das Pferd über einen Eisrand am Ufer. In dem Augenblick hebt sich der Hut des Küsters, und Guðrún sieht einen nackten Totenschädel vor sich. Da wird eine Wolke vor dem Mond weggetrieben, und Guðrún hört den Küster sagen:

»Der Mond gleitet,
der Tod reitet;
siehst du nicht den weißen Fleck
in meinem Nacken,
Garun, Garun«

Guðrún ist erschrocken und schweigt. Ohne ein weiteres Wort zu sagen, reitet der Tote mit ihr nach Myrká. Am Friedhofstor bittet der Reiter Guðrún zu warten, während er das Pferd wegbringt. Da erblickt sie im Friedhof ein offenes Grab. Trotz ihrer großen Angst gelingt es Guðrún, nach einem Glockenseil zu greifen, als sie von hinten am Ärmel gepackt wird. Da sie jedoch nicht in den Ärmel geschlüpft war, verliert der Tote das Gleichgewicht und fällt in das offene Grab. Guðrún läutet die Glocke, bis die Leute vom Hof kommen und sie ins Haus bringen. Da erfährt sie endlich, was dem Küster zugestoßen war.

Als die Leute am Abend zu Bett gehen und das Licht ausmachen, kommt der Küster erneut, um Guðrún zu holen. Seit damals kommt der Küster jede Nacht, so daß immer jemand bei dem Dienstmädchen wachen muß. Nach zwei Wochen beschließen die Leute, einen Zauberer aus dem nahe gelegenen Skagafjörður zu holen. Der Zauberer legt oberhalb der Hauswiese einen großen Stein ab und läßt ihn vor das Wohnhaus rollen. Nach Einbruch der Dunkelheit erscheint der Küster wieder. Dem Zauberer gelingt es, den Toten vor das Haus und mit großer List in die Erde zu locken. Danach rollt er den Stein auf das Erdloch, und man sagt, der Küster liege noch immer unter dem Stein.

Liebesstern und Knochen eines toten Dichters

Südlich von Hörgárdalur öffnet sich das Tal **Öxnadalur**. Neben der Ringstraße nahe dem Hof Steinsstaðir liegt ein schöner Hain. Hier wurde am 16. November 1807 Jónas Hallgrímsson geboren, einer der populärsten Dichter Islands. Sein Vater, geistlicher Assistent des Pfarrers und Klopstock-Übersetzers Jón Þorláksson, ertrank beim Fischen im See Hraunsvatn, als Jónas neun Jahre alt war. Es lohnt sich, diesen schönen und einsamen Bergsee zu besichtigen, der über einen einfach zu findenden Pfad vom Hof zu erreichen ist.

Trotz großer Armut konnte Jónas Hallgrímsson die Schule von Bessastaðir im Süden Islands besuchen. Danach arbeitete er drei Jahre als Schreiber beim dänischen Landvogt in Reykjavík, um Geld für sein Jurastudium in Kopenhagen zu verdienen. Bald wandte er sich aber anderen Disziplinen zu und begann Naturwissenschaften, Sprache und Literatur zu studieren. Nach seinem Studium führte Jónas im Auftrag der dänischen Regierung zahlreiche Wissenschaftsreisen in Island durch. Er starb 1845 bei einem tragischen Unfall in Kopenhagen mit nur siebenunddreißig Jahren.

Auch wenn Jónas Hallgrímsson schon als Jugendlicher seine ersten Gedichte schrieb, reifte seine poetische Begabung erst zur vollen Blüte, als er nach Kopenhagen kam, wo er die restlichen Jahre seines Lebens verbrachte. Island ist jedoch das Thema fast aller seiner lyrischen Dichtungen. Viele von ihnen sind Hymnen an die isländische Natur:

»Blumenhügel, grüne Flur,
Halde, reich an Moos und Beeren,
Moorland, Stiefkind der Natur,
Blumenhügel, Kleefeldflur
Weil' bei euch am liebsten nur . . .«

Und aus dem fernen Kopenhagen schickt der Dichter seiner Liebsten im hohen Norden einen poetischen Gruß. Nachdem er die Wellen besungen hat, welche im Frühling einen Hauch vom Südwind an die Küsten Islands tragen, bittet er die Drossel, seine Liebste im Sommertal des Nordens zu begrüßen:

»Lenzbote, treuer Vogel, der du ziehst
Hoch durch die Lüfte nach dem Sommertal,
Um dort zu singen froh die Lieder dein;

Ein Englein in der Jacke, wenn du siehst,
Mit Mütz' und roter Quaste, grüß zumal;
Dies, liebe Drossel, ist die Liebeste mein!«

Halldór Laxness hat einmal über den beliebten Lyriker gesagt, er sei »der Sänger unserer einfachen Freude, wie wir
sie beim wolkenfreien, milden Sommerwetter erlebten, sowie auch der traurigen nordischen Finsternis, mit all ihrer
Angst und schlaflosen Stunden«. Und er fügt hinzu, daß
es äußerst schwierig sei, Jónas Hallgrímssons Gedichte in
anderen Sprachen wiederzugeben, daher könnten obige
Übertragungen des Österreichers Poestion die klare Sprache des Dichters nur ansatzweise vermitteln:
»Die isländische Erde oder den Duft von unseren grün bewachsenen Hügeln kann man nicht übersetzen, genauso-
wenig wie die frische isländische Luft ... vor allem, wie
man sie in der Einöde des Hochlandes in einer Sommer-
nacht einatmet, und auch nicht den Blick auf die Berge.
Den isländischen Kampf ums Überleben und die Geschichte des Volkes kann man auch nicht übersetzen, am aller-
wenigstens jedoch uns selbst, die von all dem die Summe
darstellen.«
Nach seinem Tod wurde Jónas Hallgrímsson auf dem Assistenzfriedhof in Kopenhagen begraben. Nachdem er dort
ein Jahrhundert lang in Frieden geruht hatte, spielte sich
eine kuriose Geschichte mit seinen sterblichen Überresten
ab, die in Laxness' Roman *Atomstation* einen interessanten Nachhall gefunden hat.
Sie beginnt mit dem spiritualistischen Erlebnis eines islän-

dischen Industriellen, der aus der gleichen Region wie der Dichter stammte und behauptete, Jónas Hallgrímssons Geist habe ihn im Traum gefragt, ob er es wirklich länger dulden wolle, daß er in dänischer Erde ruhe.

In Zusammenarbeit mit der isländischen Regierung ließ der Fabrikant die sterblichen Überreste des Dichters auf dem Assistenzfriedhof in Kopenhagen exhumieren und nach Island bringen. Da allerdings in demselben Grab noch andere Tote ihre letzte Ruhe gefunden hatten, war unklar, ob die Knochen, die für die irdischen Überreste des Dichters gehalten wurden, auch wirklich von ihm stammten.

Der Fabrikant beschloß, die Knochen in die alte Heimat des Dichters im Norden der Insel bringen zu lassen, um sie dort zu begraben. Er meinte, daß es sein Recht sei, zu entscheiden, wo die Knochen beigesetzt würden, da er die Überführung bezahlt habe. Mit seinem Beschluß war die isländische Regierung jedoch nicht einverstanden und schickte Beamte in den Norden, um die Knochen des Dichters aus den Händen des »Entführers« zu befreien.

In Laxness' Roman *Atomstation* wird diese Episode mit den damals aktuellen politischen Themen in Verbindung gebracht, denn zu genau dieser Zeit war die Regierung gerade dabei, einen Vertrag mit den Amerikanern zu unterzeichnen, der den amerikanischen Truppen einen unbegrenzten Aufenthalt in Island zusicherte. Diese Vereinbarung war ein großes Politikum und führte zu heftigen politischen Auseinandersetzungen. So stellt der Autor die Heimkehr der sterblichen Überreste des beliebten Dichters als Inszenierung der Regierung dar, um die Aufmerksamkeit des Volkes von dem Vertrag mit den Amerikanern abzulenken. Bald stellt sich im Roman dann auch heraus, daß mindestens eine der Kisten, die bei Nacht und Nebel vom Schiff in den Norden gebracht wurden, nichts mit den Gebeinen

des Dichters zu tun hat, sondern portugiesische Sardinen-
büchsen enthält. Der lokale Pfarrer, der bei der Inspek-
tion der Kisten anwesend gewesen ist, schlägt daraufhin
vor, daß man die andere Kiste ungeöffnet lasse. Schließlich
spiele der physikalische Inhalt eines Sarges keine Rolle,
»sondern das Andenken an einen Verstorbenen in den Herzen derer, die leben.« Doch als der Pfarrer diese Worte
spricht, ist die andere Kiste bereits geöffnet worden.

»Und es war, wie ich vermutet hatte, auch in ihr befand
sich recht wenig, was den Stolz der Nation hätte vergrö-
ßern können; und doch, wenn man daran glaubt, daß der
Mensch Erde und Dreck ist, wie die Christen glauben,
dann war dies ein Mensch wie jeder andere auch: Nur
kein isländischer Mensch, weil dies kein isländischer Dreck
war; das war weder Kies noch die Erde, weder der Sand
noch der Lehm, den wir von unserem Land her kennen, sondern ein trockenes, gräuliches, kalkartiges Zeug, das am
ehesten Ähnlichkeit mit altem Hundedreck hatte.

Tja, sagte ich, was ist nun eigentlich der Lieblingssohn der
Nation, dänischer Lehm oder portugiesische Sardinen.«

Die Knochenreste aus dem Friedhof in Kopenhagen wurden in der Realität von Beamten vom Norden in den Süden
gebracht, wo sie dann später im »Ehrengrab der Nation«
im Nationalpark Þingvellir beigesetzt wurden. Vor dem
Begräbnis fand in dem kleinen Dom in Reykjavík ein Ge-
denkgottesdienst statt.

In *Atomstation* geht die Erzählerin zufällig an der Kirche
vorbei, als der Sarg nach der Zeremonie herausgetragen
wird. Ohne zu wissen, wer hier zu Grabe getragen wird,
ist ihr klar, daß es sich um keinen armen Schlucker handeln
kann. Schließlich sind alle Größen des Landes versammelt,
darunter die ganze Regierung, Großhändler, Richter und
andere Obrigkeiten. Es fällt der Erzählerin jedoch auf, daß

sich diese Beerdigung von einer normalen Bestattung unterscheidet.

»Das Merkwürdigste an dieser vornehmen Beerdigung war aber, daß hinter dem Sarg kein Trauergefolge kam; wo waren jetzt Jugendvereine, Schulen, der Studentenverein, der Straßenkehrerverein, die Frauenvereine, der Verein der Büroangestellten, der Künstlerverein, der Reiterverein; nein, keine Leute, keine Angehörigen, keine Trauernden, sogar der Hund, der einstmals allein dem Genie der höheren Sphären gefolgt war, fand es unter seiner Würde, hinter dieser Beerdigung herzuschnüffeln. War es denkbar, daß jemand heimlich den Sargdeckel gelüftet hatte? Portugiesische Sardinen?«

Bis zum heutigen Tag hegen auch viele Fachleute Zweifel daran, daß es tatsächlich die Knochen des toten Dichters waren, die am Ende im nationalen Ehrengrab in Þingvellir beigesetzt wurden. Da bekannt wurde, daß das Grab des Dichters in Kopenhagen nach seinem Tode wieder belegt wurde, kam sogar das Gerücht auf, es handle sich hier um die sterblichen Überreste eines dänischen Schlachters.

Dieses Gerücht hat sogar in die Weltliteratur Eingang gefunden. In Milan Kunderas Roman *Die Unwissenheit* (2000) kehren zwei Exilstschechen, Josef und Irene, nach dem Zusammenbruch des Kommunismus in ihre Heimat zurück. Josef war mit einer dänischen Frau verheiratet gewesen. Die Frau hatte ihm die Geschichte von dem dänischen Schlachter erzählt, der statt des Dichters Jónas Hallgrímsson nach Island gebracht und im Ehrengrab der Nation beigesetzt wurde. Josef fand die Geschichte zunächst sehr lustig. Als seine Frau dann tödlich erkrankte, geriet er mit ihrer Familie in Streit darüber, wo sie nach ihrem Tode beerdigt werden sollte. Die Familie wollte eine Beisetzung im Familiengrab, er jedoch wollte ein neues

Grab erwerben, damit er später selbst an ihrer Seite ruhen könne. So gewann die Geschichte vom dänischen Schlachter für ihn an trauriger Aktualität. Im Gegensatz zu dem Fabrikanten aus dem Norden Islands, der den Dichter nicht in seiner Heimatregion beerdigen durfte, gelang es ihm jedoch, seinen Willen durchzusetzen.

Die Tatsache, daß der Streit um die Echtheit der Gebeine des toten Dichters bis zum heutigen Tag immer wieder aufflammt, zeigt Jónas Hallgrímssons große Beliebtheit unter den Isländern. Vor ihm wurde nur der Dichter Einar Benediktsson 1940 im Ehrengrab der Nation beigesetzt. Auch nach ihm hat kein anderer Dichter einen Platz in dem Grab gefunden.

Insel des Geächteten

Im **Skagafjörður** liegt weit draußen im Meer die große Felseninsel **Drangey**. Hier sollen sich einst dramatische Ereignisse zugetragen haben, die in der mittelalterlichen *Grettis saga* geschildert werden.

Den Helden der Saga, Grettir den Starken, haben wir bereits am Wasserfall Goðafoss, zu einem früheren Zeitpunkt dieser Rundfahrt, kennengelernt. Nachdem sich der vogelfreie Mann eine Zeitlang bei seiner geliebten Mutter Ásdís in Bjarg versteckt hat, will er Zuflucht auf der Insel Drangey suchen. Das ist ihm nur möglich, wenn ihn jemand begleitet, dem er vertrauen kann. Sein fünfzehnjähriger Bruder Illugi bietet an, mit ihm auf die Insel zu gehen. Die Mutter ist von der Idee zwar nicht begeistert, läßt ihn aber gehen, da sie weiß, daß das Leben ihres Sohnes Grettir davon abhängt. Vor dem Abschied gibt sie ihren Söhnen Geld und teilt ihnen mit, sie habe seltsame Träume gehabt und sei davon überzeugt, daß sie beide auf der Insel den Tod finden werden. Nach einer rührenden Abschiedsszene, in der Grettir seine weinende Mutter zu trösten versucht, trennen sie sich.

Auf ihrem Weg über den Paß **Vatnsskarð** in den Norden zum Skagafjörður begegnen die Brüder einem geschwätzigen Mann, Thorbjörn, der sich ihnen anschließen möchte. Grettir findet den Alleingänger unterhaltsam und erlaubt ihm, mit ihnen zu gehen. Bald kommen sie zum Hof Reykir an der Westküste des Fjordes. Von dort ist der Seeweg zu der Insel Drangey am kürzesten. Grettir bittet den Bauern von Reykir, sie zur Insel hinüberzufahren. Dieser weigert sich jedoch zunächst, da er weiß, daß Grettir von mächtigen Männern aus der Region verfolgt wird. Grettir stimmt ihn um, indem er ihm den Geldbeutel seiner Mutter schenkt, und wird in der Nacht mit seinem Begleiter zur Insel gebracht.

»Und als sie auf die Insel kamen, fand Grettir, es sähe dort gut aus, denn sie war mit Gras bewachsen, aber steil zum Meer abfallend, so daß man nirgends hinaufgelangen konnte, außer dort, wo die Leitern waren, und wenn man die oberste Leiter hinaufzog, dann war es keinem Menschen möglich, auf die Insel zu gelangen.«

Grettir und Illugi gefällt das Leben auf der Insel. Schließlich gibt es dort eine Menge Meeresvögel, die sie mit Eiern versorgen. Größer ist das Problem der Brennholzbeschaffung. Das einzige Holz, das ihnen zur Verfügung steht, ist Treibholz, das gelegentlich von den Meereswellen angeschwemmt wird.

Als eines Nachts das Feuer ausgeht, sieht Grettir keinen anderen Ausweg, als an Land zu schwimmen. Nachdem er sich eine Kutte aus grober Wolle in die Hose gesteckt hat, schwimmt er gegen Abend über den Fjord und erreicht nach Sonnenuntergang den Landspitz Reykjanes.

»Er ging zum Hof Reykir und in das Bad, denn es war ihm doch ziemlich kalt geworden, und er badete in der Nacht lange in der warmen Quelle und ging dann in die Stube.«

Grettir schläft erschöpft in der warmen Stube ein. So finden ihn am nächsten Morgen die Tochter des Bauern und eine Magd. Die Magd wundert sich darüber, daß der Held, der nackt im Bett liegt, über die Rippen sehr kräftig, »unten herum« jedoch sehr klein gewachsen ist, und muß über den Anblick lachen. Da packt Grettir sie und zieht sie zu sich hin. Nachdem er ihr ein anzügliches Gedicht vorgetragen hat, in dem er ihr klarmacht, daß es nicht auf die Größe der betroffenen Organe ankomme, schreitet er zur Tat. Über den Ausgang dieser Begegnung des Helden mit der Magd heißt es in der Saga lediglich:

»Die Magd schrie laut auf, doch sie gingen so auseinander, daß sie nicht über Grettir zu klagen hatte, als es zu Ende war.«

Diese Stelle ist nicht die einzige, an der der anonyme Autor der *Grettis saga* seinen etwas derben Humor durchschimmern läßt.

Am Ende gelingt es Grettirs Feinden auf die Insel zu kommen und die beiden Brüder zu töten. Da ein Kopfgeld auf Grettir ausgesetzt war, enthaupten sie ihn und nehmen seinen Kopf mit von der Insel, nachdem sie die beiden Brüder unter einem Steinhaufen begraben haben.

Wer heute auf den Spuren Grettirs im Skagafjörður wandeln möchte, kann sowohl das warme Wasser im restaurierten **»Grettisbad«** bei Reykir an der Küste genießen als auch vom Hafen in **Saudárkrókur** an einer aufregenden Bootsfahrt nach Drangey teilnehmen, um die Zufluchtsstätte des Helden mit ihren steilen Küsten selbst zu erkunden.

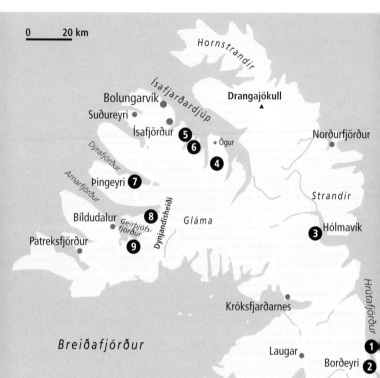

1 *Hrútafjörður* 2 *Borðeyri* 3 *Hólmavík* 4 *Laugaból*
5 *Arnardalur* 6 *Kirche von Eyri* 7 *Þingeyri und Haukadalur*
8 *Dynjandi* 9 *Einhamar*

4. Durch die einsamen Fjorde im Nordwesten

Borðeyri – Hólmavík – Ísafjörður – Kirche von Eyri – Þingeyri – Dynjandi – Geirþjófsfjörður

Der einsame Marsch über die Berge

Der Schriftsteller Þórbergur Þórðarson, den wir bereits in seiner Heimat an der Südküste kennengelernt haben (Rundfahrt 2), schildert in seinem autobiographischen Roman *Unterwegs zu meiner Geliebten* eine der faszinierendsten Wanderungen, die es in der isländischen Literatur gibt.

Nach einem bewegten Sommer unter Dichtern und Denkern in Akureyri beschließt der Autor im Herbst, mit einem Schiff in Richtung Süden zu fahren. Ziel seiner Reise ist ein Hof am Westufer des Fjordes **Hrútafjörður**, wo ein junges Mädchen wohnt, in das er sich in Reykjavík im Winter davor verliebt hat. Den ganzen Sommer, den er bei der Heringsverarbeitung in Akureyri verbringt, sind seine Gedanken immer wieder um sie gekreist.

Und so geht Þórbergur an einem schönen Septembermorgen des Jahres 1912 im Hafen von Akureyri an Bord des Schiffes Hólar. Er hat genau den Geldbetrag in der Tasche, den er braucht, um eine Fahrkarte zweiter Klasse zu lösen. Als er an Bord kommt, muß er jedoch feststellen, daß es keine zweite Klasse mehr gibt. Sie wurde in einen Lagerraum verwandelt. So bleibt ihm nichts anderes übrig als in eine Kajüte der ersten Klasse zu schleichen und als blinder Passagier mitzufahren.

Im abgelegenen Fjord Norðurfjörður geht er von Bord und marschiert über die Berge in den Süden. Tagelang wandert er durch die einsame Landschaft der Bergwelt, wo es auf langen Strecken keine einzige Pflanze, nicht einmal eine winzige Flechte gibt:

»So weit das Auge sehen konnte, nur die Ruhe des Todes, die Düsternis des Grabes.«

Nachdem er tagsüber barfuß durch lehmigen Schlamm und Wasserläufe gewatet ist, verbringt er die Nächte auf einsamen Bauernhöfen. Unterwegs kommt ihm immer wieder seine Geliebte in den Sinn, und das gibt ihm Kraft:

»Niemals zuvor war ich so angefacht, die vielen Rätsel ihrer prickelnden Weiblichkeit zu lösen.«

Auf seiner einsamen Wanderung durch die Einöde malt er sich aus, wie lieb sie ihn empfangen wird. Nach tagelangem Marsch steht er endlich auf einem Bergkamm und sieht den Hrútafjörður, an dem sie wohnt, unter sich liegen. Er übernachtet am äußersten Hof des Fjordes.

Am nächsten Tag steht ihm die Mutprobe bevor, seiner Geliebten gegenüberzutreten. Er versucht sie so lange wie möglich hinauszuzögern und kehrt bei einem Bauern ein, bei dem er lange verweilt und Kaffee trinkt. Endlich macht er sich auf, das letzte Stück des Weges hinter sich zu bringen. Gegen halb vier Uhr nachmittags steht er endlich vor dem kleinen Pfad, der zu ihrem Hof führt. Da aber hegt er große Zweifel und ist ratlos über sein Tun:

»Ich starrte lange auf den stummen Weg, ich erwartete ein Orakel aus dem tiefen Brunnen der Weisheit. Und da war es, als hörte ich in der Stille eine Stimme: Schamloser, frecher Kerl! Laß niemanden sehen, daß du noch länger so herumstehst! Und eine andere Stimme, die es gut mit mir meinte, sagte: Vielleicht ist sie gar nicht zu Hause, und du triffst sie auf einem anderen Hof. Und wenn du auf den anderen Hof kommst, bist du wieder ein anderer Mensch geworden.«

Ohne sich über sein Handeln im klaren zu sein, biegt der verliebte Þórbergur Þórðarson wieder auf den Hauptweg ein und setzt seine Wanderung am Westufer des Fjordes fort. Nur zweimal blickt er über die Schulter zurück, bis der Hof der Geliebten hinter den Hügeln verschwindet . . .

Nach Einbruch der Dunkelheit kommt der Wanderer zu der kleinen Ortschaft **Borðeyri** am Ufer des Fjordes. Hier betritt er einen Schlachthof, wo gerade Lämmer geschlachtet werden. Überall sieht er Blutlachen und ausgebalgte Rümpfe:

»Ich ekelte mich vor dieser Grausamkeit, ließ mich mit halbgeschlossenen Augen über die Plätze treiben und wagte kaum einen Blick auf die Frauen zu werfen, die in Sackleinen gekleidet sich über die Tische beugten und Schafsmagen wuschen und Eingeweide sortierten. Ich warf einen Blick auf die jämmerlich blökenden Schafherden, die ihren Tod erwarteten, aber ich wurde nicht klüger. Meine Geliebte nimmt gewiß keine Eingeweide aus, aber ißt sie vielleicht gebratene Eingeweide?«

Kein Wunder, daß es der Autor begrüßt, nach diesem schrecklichen Tag einen älteren Mann im Ort zu treffen, den er von früher kennt und der ihn vor dem Schlafengehen mit Schnaps versorgt.

Man sollte sich von Þórbergur Þórðarsons Schlachthofszene nicht beirren lassen: Borðeyri ist mit seiner idyllischen Lage am Fjord durchaus einen Besuch wert.

Verrückte Helden und schräge Dichter

Wir setzen unsere Fahrt am Westufer des Hrútafjörður in nördliche Richtung fort und erreichen bald das Gebiet der **Strandir**. Hier sollte man in der kleinen Ortschaft **Hólmavík** einen Halt einlegen, um die äußerst interessante Ausstellung über Hexerei zu besichtigen.

Hier in dieser abgelegenen Region am Nordwestzipfel Islands haben sich im 17. Jahrhundert, als der Hexenwahn in Europa grassierte, außergewöhnlich viele Geschichten dieser Art zugetragen. Daß dort besonders viele vermeintliche Hexen gelebt haben sollen, hängt unter anderem damit zusammen, daß das Überleben in der Region mit größeren Anstrengungen verbunden war als anderswo und die Nordwestfjorde während der Besiedelung aufgrund ihrer geographischen Lage schwer zugänglich waren. Auch das Klima in diesem Landesteil, der am nächsten zu Grönland liegt, war immer unwirtlicher und rauher als in anderen bewohnten Teilen des Landes, und die Lebensbedingungen der Menschen waren wegen der landschaftlichen Beschaffenheit der Region, der engen Fjorde und der hohen steilen Berge, die bis ins Meer ragen, beschwerlich. Deswegen sagt man oft, die Vestfirðingar (»Norwestfjordler«) würden sich in vieler Hinsicht von anderen Isländern unterscheiden, denn sie seien von der rauhen Landschaft und den unsanften Lebensbedingungen gekennzeichnet. Ob wahr oder nicht, stellt man jedoch fest, daß es hier besonders viele »Sonderlinge« gegeben hat. Das beginnt schon mit den Charakteren in der mittelalterlichen *Schwurbrüdersaga*, die zum großen Teil an den heute einsamen Fjorden in der Region **Djúp** spielt.

Nachdem man die in früheren Zeiten gefürchtete und gefährliche Bergstraße Steingrímsfjarðarheiði hinter sich gelassen hat, sieht man die Fjorde, an denen sich die beiden Schwurbrüder, der Kämpfer Þorgeir Hávarsson und der Dichter Þormóður Bessason, kurz nach der Landnahmezeit herumtrieben.

Auf der Grundlage der mittelalterlichen Saga schrieb Halldór Laxness um die Mitte des vergangenen Jahrhunderts eine neue Isländersaga mit dem Titel *Gerpla* (»Die glücklichen Krieger«). Darin ironisiert Laxness das Heldenideal der Sagazeit, hält sich aber dennoch sowohl inhaltlich als auch sprachlich weitgehend an die mittelalterliche Vorlage, so auch bei der Einführung der beiden Schwurbrüder: »Von allen Helden in den Westfjorden haben wohl zwei den größten Ruhm erlangt, als da sind die Schwurbrüder Þorgeir Hávarsson und Þormóður Bessason. Wie nicht anders zu erwarten, wird am Djúp, wo sie aufwuchsen, viel von ihnen erzählt, und ebenfalls in den Jökulfjorden und an den Hornstranden; denn in allen diesen Gegenden haben sie Ruhmestaten vollbracht.«

Die beiden Schwurbrüder sind von ganz unterschiedlicher Natur: Während der eine sein Leben lang bei jeder kleinsten Auseinandersetzung schnell zur Waffe greift, findet der andere mehr Wohlgefallen daran, lustvolle Beziehungen zum weiblichen Geschlecht zu pflegen.

Der Unterschied der Charaktere wird besonders bei einer Unterhaltung während eines Eisballspiels deutlich. Jeden Winter, wenn die Sonne höher steigt, treffen sich junge Leute aus der Gegend, um auf einem kleinen See, der in der Nähe des Hofes **Laugaból** am südlichen Ufer des Fjordes **Ísafjörður** liegt, Ringkampf, Pferdehatz oder Eisball zu spielen. Während die jungen Männer beim Spielen ihre Kräfte messen, sitzen die Frauen auf der Wiese oder am Hang und schauen zu.

Unter den Frauen befindet sich Þormóðs Nachbarin vom Hof **Ögur**, der etwas weiter Richtung Westen, kurz vor der Öffnung des Fjordes Skötufjörður, liegt. Von diesem Mädchen, Þórdís, heißt es, sie habe schöne Augen und rosigere Wangen als jede andere Frau gehabt. Þormóður ist von der Schönheit der Frau hingerissen und nimmt sie bei der Hand, um ihr ein Gedicht vorzutragen. Die junge Frau bittet ihn, davon abzulassen, denn zum einen laufe er damit Gefahr, daß ihr Sklave ihn umbringen werde; zum anderen habe sie gehört, daß er sich »übernommen« habe, als

er ein Lied für eine andere Frau namens Kolbrún gedichtet
hat.

Þormóður versichert der Dame, er werde sie bald aufsuchen, wird dann jedoch zum Spiel gerufen. Als Þormóður
die Frau nach dem Spiel wiedersehen möchte, ist sie verschwunden.

»Als Thormod auf dem Eis gegenüber der Frauenschar herumlungerte, ging Thorgeir Havarsson, sein Gefährte, vorbei.

›Was suchst du in der Schar dieser Weiber?‹ fragte Thorgeir.

›Eben noch war hier eine Frau, doch nun ist sie fort‹, sagte
Thormod. ›Und jetzt scheint mir dieser Tag jeden Glanz
verloren zu haben.‹

›Machen wir uns nicht lächerlich für etwas Glanz‹, sagte
Thorgeir.

›Ich will über diese Frau dichten‹, sagte Thormod.

Thorgeir sagte: ›Die früheren Skalden hätten es für liederliches Tun angesehen, dienende Töchter von Bauernkerlen
zu besingen und die Frauen nicht zu sehen, die in Schwanengestalt am Himmel leuchten.‹

›Es ist jetzt dahin gekommen‹, sagte Thormod, ›daß ich die
Frauen, die in der Luft fliegen, nicht mehr so liebe.‹

›Das wird dich reuen‹, sagte Thorgeir Havarsson, ›denn der
ist am tiefsten gesunken, der vor Weibern kriecht.‹«

Als junger Knabe hatte Þormóður ein Gedicht über Kolbrún
gemacht, die Hausherrin des Hofes, der heute **Arnardalur**
heißt und an einer Landspitze kurz vor der Ortschaft **Ísafjörður** liegt. Dieses Liebesgedicht brachte ihm nicht nur
den Spitznamen »Kolbrundichter« ein, sondern führte auch
dazu, daß ihn die Dame zu sich ins Bett nahm. Ihr sollten
fortan viele weitere folgen.

Trotz der unterschiedlichen Charaktere besteht zwischen

In den einsamen Nordwestfjorden

den Schwurbrüdern eine enge Freundschaft. Manchmal setzen sie sich an hellen Abenden auf eine Felskuppe über dem Meer und schauen den Fischern bei der Arbeit zu. Bei einem solchen Treffen erläutert Þorgeir seinem Dichterfreund sein Heldenideal:

»Held ist der, der keinen Menschen fürchtet, weder Götter noch Tiere, auch nicht Zauberei und Trolle, weder sich selbst noch sein Schicksal, und der alle zum Zweikampf herausfordert, bis er durch die Waffe eines Feindes ins Grab sinkt; und Skalde ist nur der, der den Ruhm eines solchen Mannes mehrt.«

Zu den groteskesten Episoden der Saga gehört jener Vorfall, der sich im Frühjahr am großen Vogelberg Horn, an der Spitze der Nordwestfjorde, zuträgt. Es ist ein schöner Tag. Die beiden Schwurbrüder pflücken Engelwurz von den Felsvorsprüngen. Dabei stürzt Þorgeir vom Rand einer Felsspalte hinab. Es gelingt ihm jedoch, sich im Sturz an einen Engelwurzstengel, der aus einem Felsenriß hervorwächst, festzuhalten. Þormóður, der genug Engelwurz geschnitten hat und sich in die Sonne zum Schlafen legt, bemerkt von alldem nichts. Auch wenn sich die beiden in Rufweite befinden, kommt Þorgeir nicht auf die Idee, seinen Freund zu rufen. Schließlich wacht Þormóður auf und wundert sich, wo sein Schwurbruder geblieben ist. Als er ihn ruft, gibt Þorgeir keine Antwort.

»Da kletterte Thormod auf einen Vorsprung hinab und rief ihn von dort so laut, daß überall von der Felswand Vögel aufflatterten. Thorgeir antwortete endlich von unten: ›Hör auf, die Vögel mit deinen Schreien aufzuscheuchen.‹

Thormod fragte, was ihn aufhalte.

Thorgeir gab Antwort und sagte. ›Es ist nicht wichtig, was mich aufhält.‹

Thormod fragte, ob er nicht genug Engelwurz gesammelt

habe. Da antwortete Thorgeir Havarsson mit den Worten, die in den Westfjorden lange in Erinnerung blieben: ›Ich denke, ich habe genug, wenn diese heraus ist, die ich in der Hand halte.‹«

Nachdem Þormóður seinem Freund das Leben gerettet hat, dankt ihm dieser mit keinem Wort:

»Es hatte vielmehr den Anschein, daß er wegen des Geschehenen gegen Thormod einen gewissen Groll hegte, und von da an wurde das Verhältnis zwischen den Schwurbrüdern kühler.«

Auch wenn Laxness' nacherzählte Saga mit viel Humor gespickt ist, hat diese Geschichte aus der Region Djúp einen durchaus ernsten Unterton. Der Autor hat in Interviews betont, daß es ihm in dem Roman nicht nur um das ferne Mittelalter ging, sondern auch um die kriegerischen Auseinandersetzungen der jüngsten Zeit. So ist der Roman von den bitteren Erfahrungen des Zweiten Weltkriegs und einer Verspottung der menschenfeindlichen Heldenideale, die man zu der Zeit verherrlichte, geprägt. Insofern ist der Humor der Geschichte kriegskritisch konnotiert, nicht zuletzt auch in den Anspielungen auf die Rolle des Künstlers. Schließlich wurden einige Künstler und Autoren, nicht zuletzt aus dem Norden, beschuldigt, ihre künstlerischen Kräfte in den Dienst des Nationalsozialismus gestellt zu haben. Damit folgten sie dem Ruf des Helden Þorgeir an den Skalden, er solle seine dichterische Begabung für den kämpfenden Soldaten einsetzen.

Wenn man in unseren Tagen durch die zum großen Teil verödeten Fjorde am Djúp Richtung Ísafjörður fährt, kann man es sich durchaus vorstellen, daß in dieser unwirtlichen Landschaft früher solche Typen wie die beiden Schwurbrüder Þorgeir und Þormóður herangewachsen sind. Hier haftet der Landschaft etwas »Heroisches« an – im wahrsten Sinne des Wortes. Sie birgt das in sich, was Halldór Laxness selbst an einer anderen Stelle als Grotesk-Riesenhaftes, oder Grausam-Kompromißloses, bezeichnet hat. Wenn man hier auf der einen Seite die von Blumen übersäten Wiesen betrachtet, und auf der anderen Seite den trostlosen Basalt, leuchten die Worte des Dichters ein, daß hier »die wahre unbeholfene Schönheit des Lebens im leblosen Universum« sinnbildlich hervortritt.

Die Erfahrung der Schönheit des Lebens im leblosen Universum kommt an vielen Stellen in Laxness' Roman *Weltlicht* zum Ausdruck, zu dessen Stoff – und vor allem Hauptfigur – der Autor auch in der Region am Djúp inspiriert wurde.

Die reale Person, die seiner literarischen Figur als Vorlage diente, ist Magnús Hj. Magnússon, der 1873 in einem kleinen Gehöft am Ufer des **Seyðisfjörður**, wo heute die **Kirche von Eyri** direkt am Meer steht, geboren wurde. Der Anblick der kleinen Kirche und der Umgebung dieser einsamen Gegend am Rande des Meeres zeigt dem Besucher sofort, daß es hier in vergangenen Zeiten wenig Reichtum gab.

Tatsächlich ist der junge Magnús Hj. Magnússon, der hier als Waisenkind aufwächst, bettelarm. Er beginnt aber bereits in seinen jungen Jahren zu schreiben und hinterläßt am Ende seines kurzen Lebens (er stirbt mit nur dreiundvierzig Jahren) nicht weniger als 11 000 Gedichte. Außerdem schrieb er eine Autobiographie und führte über zwei Jahrzehnte seines Lebens ein Tagebuch. In Prosa hat er somit über 4000 Seiten geschaffen. Angetan von der Hingabe dieses armen und glücklosen Waisenknaben, der sich sein Leben lang dem Schreiben widmete, hat sich Halldór Laxness in die hinterlassenen Schriften dieses Sonderlings vertieft, die in der isländischen Landesbibliothek aufbewahrt werden.

Im Frühjahr 1936 unternahm Halldór Laxness mit zwei Freunden eine Reise in die abgelegenen Nordwestfjorde, um die Originalschauplätze von Magnússons Leben zu erkunden. Laxness' Wanderung über trostlose, graue Bergpässe und einsame Fischerdörfer, zwischen gewaltigen Bergen am Ende langer, tief eingeschnittener Fjorde, hat seine Schilderung des Transports des armen, kranken Dichters Ólafur Kárason über die Berge im Roman ohne Zweifel geprägt:

»Sie waren schon weit ins Hochland gekommen. Die letzten Gehöfte lagen längst unter ihnen, die Täler waren versunken, die Fjorde in die Berge gekrochen; die Berge hatten sich mit einander vermengt, nur ihre höchsten Grate lagen nebeneinander wie niedrige Hügelketten im Tiefland; am äußersten Horizont sah man das Meer. Die Luft hier oben war wie die Zeitausend-Kronen-Apotheke, nach der Olafur sich sein ganzes Leben hindurch gesehnt hatte, für die er aber zu arm war, um sie zu kaufen. Sie war kühlend und herzerfrischend zugleich und drang in berauschenden Wogen durch seinen Körper; ihm war nicht mehr bange ... Er war nicht mehr das jämmerlichste Geschöpf auf Erden, nein, jetzt war er ein lebendiger Kumpan an der Tafel der himmlischen Freude des Hochlands. Er fürchtete sich nicht mehr, nicht einmal vor der Unsterblichkeit der Seele.«

Wer schon einmal das Erlebnis hatte, wie der Waisenjunge Ólafur Kárason ein »Kumpan an der Tafel der himmlischen Freude des Hochlands« zu sein, weiß, was hier gemeint ist. Es ist das, was die alten Griechen »Katharsis«, oder »Läuterung der Seele« nannten, gerade so, als würde man plötzlich in eine unvermittelte Verbindung mit der grenzenlosen Natur treten, und damit zugleich irgendein Leben, das tief in einem selbst steckt, neu zu spüren bekommen. Zugleich ist es aber auch so, als würden beim Anblick dieser trostlosen und zugleich faszinierenden Einöde die Mauern der Vernunft zerbröckeln.

Nach einem unglückseligen Leben, das von Krankheit und entsetzlicher Armut gekennzeichnet ist, verabschiedet sich der schönheitsliebende Dichter Ólafur Kárason vom irdischen Jammertal und wandert in die ausgestreckten Arme der Natur. Er steigt auf den Gletscher, der über einen Teil der Nordwestfjorde ragt, um mit der gewaltigen Natur, dem Reich der ewigen Schönheit, eins zu werden.

»Es war stilles Wetter, mit dem Mond genau im Süden und einem kalten, bläulichen Licht. Er ging direkt auf den Berg zu. Unten waren lange steile Hänge, weiter oben kamen flachere, moosbewachsene Abschnitte, dann Geröllhalden, schließlich nur Schnee. Das Bild des Mondes verblaßte, als der Tag graute. Über dem Meer näherte sich eine schwarze Wolkenbank. Er geht weiter, auf den Gletscher hinaus, der Morgendämmerung entgegen, von Anhöhe zu Anhöhe, in tiefem Neuschnee, ohne auf die Unwetter zu achten, die ihn verfolgen könnten ... Bald scheint die Sonne des Auferstehungstages über den hellen Wegen, wo sie ihren Dichter erwartet. Und die Schönheit wird allein herrschen.«

Liebe, Treue und Verrat – auf den Spuren des Geächteten im Dýrafjörður

Am **Dýrafjörður**, etwa 50 Kilometer westlich von Ísafjörður, liegt die kleine Ortschaft **Þingeyri**. Hinter Þingeyri schneidet sich das enge Tal **Haukadalur** ins Gebirge hinein. Hier befindet sich der Schauplatz einer der populärsten Isländersagas überhaupt, der Saga von dem Geächteten Gísli Súrsson.

In Þingeyri lebt Þórir Örn Guðmundsson, der sich intensiv mit der *Gísli saga* im Haukadalur auseinandergesetzt hat und inzwischen als der beste Kenner der Topographie der Saga gilt.

Wir verlassen zunächst den Ort und fahren einige Minuten am Fjord entlang, bis wir zur Öffnung des Tales gelangen. Hier steigen wir aus und gehen wenige Schritte zum Meer. Die Wellen plätschern leise gegen den Strand, wo der Fluß Haukadalsá ins Meer mündet. Þórir Örn erläutert uns die Vorgeschichte der Ereignisse, die sich hier zugetragen haben.

Es begann alles mit großen Streitigkeiten und tödlichen Auseinandersetzungen in Norwegen zur Zeit von König Hakon. Infolge dieser Zwischenfälle verläßt ein Mann namens Þorbjörn mit seiner Familie das Land. Nach ungefähr zwei Monaten erreichen sie den Dýrafjörður und landen an der Mündung des Haukadalsá auf der Südseite des Fjordes.

»Hier«, sagt Þórir Örn und zeigt auf die Flußmündung vor uns, »werden sie das erste Mal an Land gegangen sein.«

Der Grund, warum sie so lange gebraucht hätten, liegt nach Þórir Örns Meinung darin, daß sie zunächst wie andere Siedler aus Norwegen an der Südostküste angekommen seien. Weil das Land zu dieser Zeit aber zum größten Teil schon besiedelt worden war, seien sie auf der Suche nach Land um die Ost- und dann die Nordküste gefahren. Als sie hier in die Nordwestfjorde kamen, fanden sie endlich ein Stück freies Land, um sich niederzulassen.

Heute ist es nicht mehr möglich, mit einem Schiff in die Mündung des Haukadalsá zu fahren. Der Fluß hat durch die Jahrhunderte hindurch solche Mengen an Geröll aus den Bergen hinunter ins Meer getragen, daß die Mündung heute längst nicht mehr so tief ist wie damals. Der dänische

Sagaforscher Kristian Kaalund, der im 19. Jahrhundert in Island unterwegs war, um die Schauplätze der Sagas zu erkunden, bemerkte, als er hier an der Öffnung des Haukadalur stand, das Tal sei ein wenig eng für all die großen Ereignisse, die sich hier – laut der Saga – zugetragen haben sollen. Þórir Örn entkräftet diesen Einwand: Haukadalur sei zwar nicht sehr groß, aber äußerst grün und fruchtbar und somit ein begehrtes Streitobjekt.

Wir laufen ein kleines Stück über einen steinernen Kamm, bis wir einen Teich erreichen. Der Teich ist laut Þórir Örn der aus der Geschichte bekannte Binsenteich, auf dem die Helden der *Gísli saga* Schlagball spielten.

Nach der Ankunft im Dýrafjörður baut Þorbjörn seinen Hof im Tal und nennt in Sæból. Als er und seine Frau bald darauf sterben, übernehmen seine Söhne Gísli und Þorkell den Hof. Deren Schwester Þórdís heiratet den Goden Þorgrímur und bekommt den Hof als Mitgift. Die Brüder errichten gleich daneben den neuen Hof Hóll, wo sie fortan mit ihren Frauen Auður und Ásgerður leben. Das Unglück beginnt damit, daß Þorkell einem Gespräch zwischen den beiden Frauen lauscht, bei dem Ásgerður gesteht, sie habe Auðurs Bruder, Véssteinn, sehr lieb. Die Frauen müssen zu ihrem Schrecken feststellen, daß Þorkell ihr Gespräch mitgehört hat.

»Da sagt Aud: ›Oft erwächst Schlimmes aus Weiberschwatzen. Und es kann sein, daß hieraus etwas ganz Böses entsteht.‹«

Ihre Worte gehen in Erfüllung. Infolge des Gesprächs zwischen den beiden Frauen kühlt sich das Verhältnis zwischen Þorkell und seinem Bruder Gísli ab, da Gísli mit seinem Schwager Véssteinn eng befreundet ist. Schließlich verlangt Þorkell die Aufteilung des Hofes und zieht zu seiner Schwester Þórdís nach Sæból. Etwas später kommt Véssteinn zu einem Winterfest nach Hóll und wird nachts ermordet. Gísli zieht den Speer aus dem Leib seines Schwagers und verpflichtet sich dadurch, seinen Tod zu rächen.

Als es zu Winteranfang auf Sæból ein Gastmahl gibt, schleicht Gísli nachts zum Hof und tötet seinen Schwager Þorgrímur, wobei er beinahe erkannt wird. Er kann jedoch entkommen, da die Festgäste vom Bier benommen und völlig ratlos sind.

Für Þorgrímur wird ein Grabhügel errichtet, in den seine Leiche nach altem Brauch mit einem Schiff abgelassen wird.

»Und als es so weit ist, daß der Hügel geschlossen werden soll, da geht Gísli zur Bachmündung und nimmt einen Stein auf, so groß wie ein Fels, und legt ihn in das Schiff, so daß es fast schien, als ginge es aus allen Fugen, und es krachte sehr im Schiff. Dabei sagte er: ›Ich will mich nicht aufs Schiffefestmachen verstehen, wenn dies hier von einem Sturm mitgenommen wird.‹«

Gísli spricht hier ähnliche Worte wie Þorgrímur, als er Vésteins Totenschuhe bindet. Seine Schwester bekommt somit Gewißheit darüber, daß er ihren Mann getötet hat. Nachdem sie Þorgríms Bruder, Börkur, geheiratet hat, hetzt sie ihn bald auf ihren Bruder, um für Þorgrímur Rache zu nehmen. Damit ist Gísli gezwungen, sein Land zu verkaufen und mit seiner Familie in den unbewohnten und schwer zugänglichen **Geirþjófsfjörður** zu fliehen.

Nachdem wir uns den Binsenteich angesehen haben, gehen wir ins Tal. Bald stehen wir in der Nähe eines Hügels. Laut Þórir Örn hat hier in früheren Zeiten der Hof Sæból gestanden und auf dem Hügel vor uns, etwas weiter hinten im Tal, wiederum Gíslis Hof Hóll. Noch ein wenig weiter im Inneren des Tales stoßen wir auf eine Ruine. Hier soll Þorgrímur Nases Hof Nefsstaðir gewesen sein, der ein enger Freund von Þorgrímur gewesen ist und gebeten worden war, Þorgríms Mörder mit Hexerei ausfindig zu machen. Þorgrímur spricht einen Zauberspruch, der bewirken soll, »daß nichts den berge, der Thorgrim erschlagen hätte, so viele auch zu ihm hielten, und daß er nirgends auf dem Lande Ruhe fände.« Es ist schon seltsam, sich vorzustellen, daß all diese dramatischen Ereignisse sich hier in diesem engen Tal zugetragen haben sollen.

Als die *Gísli saga* Anfang der achtziger Jahre des vergangenen Jahrhunderts als erste Isländersaga verfilmt wurde, beschloß der Regisseur, den Film nicht hier zu drehen, unter anderem, weil ihm das Tal für die filmische Handlung zu eng war. Auch wenn dem Regisseur der Originalschauplatz der Saga nicht behagte, hat Haukadalur eine ganz besondere Atmosphäre. Es lohnt sich für jeden, der nach Þingeyri kommt, einen kurzen Abstecher in das Sagatal zu machen, nicht zuletzt aus dem Grund, daß die Einheimischen gerne bereit sind, neugierige Gäste über die Geschichte aufzuklären. Laut Þórir Örn ist es der Traum vieler Einwohner von Dýrafjörður, die übrigens sehr stolz auf die berühmte Saga sind, irgendwann den Tag zu erleben, an dem die Ruinen dieser beiden Höfe aus der Saga ausgegraben werden.

Nachdem Gísli auf dem Allthing verurteilt wird und mit seiner Familie in den Geirþjófsfjörður fliehen muß, beginnt eine dramatische Verfolgungsjagd, die sich über große Teile des Westlandes hinzieht. Seine Frau Auður hält jedoch zu ihm. Sie ist in der Hinsicht mit Njáls Frau Bergþóra in der *Njáls saga* verwandt, eine nordische Penelope, die wie diese ihrem Mann bei der gefährlichen Odyssee durch Islands geheime Winkel die Treue hält.

Wenn man vom Dýrafjörður in den Süden fährt, kommt man zunächst an dem hundert Meter hohen Wasserfall **Dynjandi** vorbei, der eine der größten Naturperlen des Nordwestens Islands darstellt. Anschließend fährt man auf den 500 Meter hohen Bergpaß **Dynjandisheiði**. Von hier kann man stellenweise in den Geirþjófsfjörður hinuntersehen. Der Fjord ist jedoch von oben schwer zugänglich und kann eigentlich nur vom Meer aus mit einem Boot erreicht werden. Es ist mir trotzdem mit Mühe und Not einmal gelungen, in den Fjord hinunterzuklettern. Am Ende des Fjordes entdeckte ich einen kleinen Birkenwald, wo wie vor tausend Jahren der Fels **Einhamar** steht. An diesem Felsen mußte Gísli Sursson im letzten Kampf mit seinen Feinden das Leben lassen.

Als ihm hier aus den Wunden der zahlreichen Speere seiner Feinde die Eingeweide heraustreten, drückt er sie mit seinem Hemd fest an den Leib und bindet einen Strick darum. Dann bittet er seine Feinde ein wenig innezuhalten, während er ein Gedicht spricht, und springt darauf vom Felsen hinunter, wobei er noch einen Gegner erschlägt.

»Nachher haben sie erzählt: Gísli sei keinen Schritt zurückgewichen und sie hätten nicht gemerkt, daß sein letzter Hieb schwächer gewesen sei als sein erster. – Hier ist nun Gíslis Leben zu Ende; und es wird allgemein gesagt, daß er an Kühnheit nicht seinesgleichen gehabt hat, obgleich er nicht immer vom Glück begleitet war.«

5. Rund um die Halbinsel Snæfellsnes

Stykkishólmur – Helgafell – Eiríksstaðir in Haukadalur – Flatey – Ólafsvík – Snæfellsjökull – Hellnar

Im Schatten des Gottes Thor

Auf der Nordseite der Halbinsel Snæfellsnes liegt die Landspitze Þórsnes mit dem Hafenort **Stykkishólmur**. Von dem gemütlichen Ort mit seinen bunten Dächern und Wellblechfassaden bietet sich im Sommer eine aufregende Bootsfahrt zu den Inseln im **Breiðafjörður** an, bei der man manchmal sogar Islands größten und prächtigsten Vogel, den Seeadler, hautnah erleben kann.

Im Spätsommer verwandelt sich dieses kleine beschauliche Städtchen für ein Wochenende in eine große Party- und Kunstmeile. Bis in die tiefe Nacht hinein wird während der »dänischen Tage« gesungen, getanzt und ordentlich getrunken.

Unweit von Stykkishólmur nahm vor tausendeinhundert Jahren der mächtige Häuptling Þórólfur Mostraskeggur (»Mosterbart«) Land, der von der norwegischen Insel Moster unweit der Stadt Stavanger stammte. In der *Eyrbyggja saga* heißt es, Þórólfur sei ein starker und kräftiger Mann gewesen, »schön von Aussehen und mit einem langen Bart. Deswegen nannte man ihn Mosterbart«. Der Grund für seine Auswanderung aus Norwegen war ein Streit mit König Harald. Þórólfur hatte einem vom König geächteten Mann Obdach gewährt, woraufhin er sich dem König ergeben sollte.

»Þórólf Mostraskegg veranstaltete ein großes Opferfest und fragte seinen geliebten Gott Þór um Rat, ob er sich mit dem König versöhnen oder aus dem Lande gehen und woanders sein Wohl suchen solle. Das Zeichen des Gottes wies Þórólf nach Island. Daraufhin verschaffte er sich ein großes Schiff und rüstete es für die Fahrt aus.«

Als sich Þórólfur nach der Überfahrt der Südküste Islands näherte, warf er seine Hochsitzpfeiler über Bord. In einen der Pfeiler war ein Bild seines Gottes Þór geschnitzt. Þórólfur wollte sich dort ansiedeln, wo der Gott die Hochsitzpfeiler an Land kommen ließe. Mit seinem Schiff segelte er in eine breite Bucht, der er den Namen Breiðafjörður (»Breitfjord«) gab. Im Süden des Fjordes ging er mit seinen Leuten an Land und schickte seine Knechte los, um die Hochsitzpfeiler zu suchen. Diese waren an einem weiter seewärts gelegenen Vorgebirge im Norden der Bucht an Land getrieben worden. Þórólfur hielt sein Versprechen und errichtete dort seinen Hof. Seitdem nennt man die schmale Landzunge, auf der noch einige Höfe und Stykkishólmur stehen, Þórsnes (»Thorspitz«).

Mitten auf der sonst flachen Landzunge erhebt sich ein großer Hügel, den Þórólfur **Helgafell**, **»Heiligenberg«**, nannte. Er besaß für ihn eine besondere Bedeutung:

»Diesem zollte Þórólfur so große Verehrung, daß keiner zu ihm hinschauen durfte, ohne sich vorher gewaschen zu haben. Niemand, weder Mensch noch Tier, durfte auf dem Hügel getötet werden, außer das Vieh, das von selbst wegging. Þórólfur nannte den Hügel ›Heiligenberg‹ und glaubte, er und seine Verwandten auf der Landspitze würden nach ihrem Tod in den Hügel eingehen.«

So sollte es laut Saga auch geschehen und für Þórólfs Sohn Þorstein, der den Spitznamen Þorskabítur (»Dorschbeißer«) hatte, tragisch enden. Während Þorstein im Herbst zum Fischfang auf See war, widerfuhr seinem Schafhirten etwas Seltsames, als er eines Abends nördlich des Heiligenbergs das Vieh nach Hause treiben wollte:

»Er sah eine Öffnung an der Nordseite des Hügels, aus der

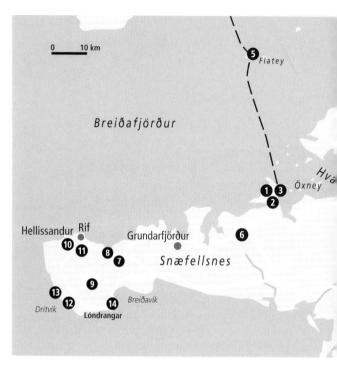

großes Feuer kam und Stimmen und fröhlicher Hörnerklang erschall. Als er den Gesprächen lauschte, vernahm er, daß Þorstein Dorschbeißer und seine Gefährten empfangen wurden. Zu Þorstein sagte man, er werde bald gegenüber seinem Vater auf dem Hochsitz Platz nehmen. Noch am selben Abend überbrachte der Schafhirte Þorsteins Frau Þóra diese Nachricht. Am nächsten Morgen kamen Männer von der See und meldeten, daß Þorstein Dorschbeißer auf See ertrunken sei.«

Viele, die den etwa 70 Meter hohen Heiligenberg besteigen, sind auch heute noch voller Ehrfurcht. Nach einem

1 *Stykkishólmur* 2 *Helgafell*
3 *Þingvellir* 4 *Eiríksstaðir
in Haukadalur* 5 *Flatey*
6 *Berserkjahraun* 7 *Fróðá*
8 *Ólafsvík* 9 *Snæfellsjökull*
10 *Hellissandur* 11 *Ingjaldshóll* 12 *Tröllakirkja* 13 *Dritvík*
14 *Hellnar, Bardarlaug,
Laugarbrekka*

alten Glauben heißt es nämlich, daß dem, der schweigsam und ohne zurückzuschauen auf den Hügel steigt, ein Wunsch in Erfüllung geht. Dazu muß man an der kleinen aufgeschichteten Steinwand niederknien, das Gesicht nach Nordosten wenden und im stillen seinen Wunsch äußern. Halldór Laxness hat in einem Essay aus den sechziger Jahren des vergangenen Jahrhunderts geschrieben, nirgends gebe es auf Island eine Landschaft, die so unabtrennbar mit dem Volksglauben und den Mythen des Landes verbunden sei.
Heute weiß man, daß die *Eyrbyggja saga* im 13. Jahrhun-

157

dert geschrieben wurde. Aufgrund der detaillierten Landschaftsschilderungen geht man davon aus, daß der anonyme Verfasser in der Gegend um den Heiligenberg gelebt hat, wenn nicht sogar am Fuß des Hügels selbst, denn dort befand sich ab dem Jahr 1184 das **Augustinerkloster Helgafell**, in dem zahlreiche wertvolle Manuskripte geschrieben und aufbewahrt wurden. Es ist jedoch erstaunlich, daß fast dreihundert Jahre nach der Einführung des Christentums ein Augustinermönch die mündlich überlieferten Geschichten aus der heidnischen Zeit auf Pergament niederschreibt. Er scheint großen Wert darauf gelegt zu haben, die Sitten und religiösen Bräuche seiner heidnischen Vorfahren in aller Ausführlichkeit zu beschreiben, denn in der *Eyrbyggja saga* werden die heidnischen Praktiken detaillierter dargestellt als in den meisten anderen Isländersagas.

So erfahren wir in der Saga noch viel mehr über die Gegend als nur über den Heiligenberg: Über Þórólfur Mosterbart ist dort weiterhin zu lesen, daß er auf der Landzunge seinem Gott zu Ehren einen Tempel errichten ließ. Die Schilderung dieses Tempels ist die ausführlichste ihrer Art in der gesamten altnordischen Literatur und vermittelt somit einen interessanten Einblick in den Glauben und die religiösen Praktiken der Siedler.

»Das Gebäude war gewaltig. In der Seitenwand gab es eine Tür, in deren Nähe sich ein Giebel befand. Innerhalb der Tür standen die Hochsitzpfeiler. In diesen befanden sich Nägel, die man »Götternägel« nannte. Das Innere war eine große Friedensstätte. Vom Eingang weiter in Richtung zu dem entfernteren Giebel aber lag ein Raum, ähnlich der Sakristei in den jetzigen Kirchen, der in der Mitte des Tempelflurs eine Erhöhung hatte, der wie ein Altarplatz aussah. Auf dem Altar lag ein nicht ganz geschlossener Ring, zwanzig Unzen an Gewicht. Darauf mußten alle Eide abgelegt werden. Diesen Ring sollte der Priester bei allen Thingversammlungen am Arm tragen. Auf dem Altar stand auch gewöhnlich die Opferschale. Darin befand sich der Sprengwedel nach Art eines Weihwedels. Mit ihm sollte das Blut aus der Schale gesprengt werden, das man Opferblut nannte. Es war dies Blut, das floß, wenn die den Göttern geweihten Tiere geschlachtet wurden. Um den Altar standen die Götterbilder in dem abgetrennten Raum.«

Eine so detaillierte Schilderung eines heidnischen Tempels ist in keiner anderen Schrift aus dieser Zeit zu finden. Als im 19. Jahrhundert das Interesse an den Schauplätzen der Sagas, nicht zuletzt bei den Engländern, immer größer wurde, machten sich einzelne Reisende auf die Suche nach Þórólfs Tempel. Einer davon war der englische Künstler Collingwood. In seinem Island-Buch erzählt er, er habe den Bauern von Þórólfs altem Hof Hofsstaðir aufgesucht. Dieser habe ihm aber keine noch sichtbaren Tempelruinen zeigen können.

Ein anderer Kenner der Sagas, der dänische Gelehrte Kristian Kaalund, der fünfundzwanzig Jahre vor Collingwood auf dem Thorspitz unterwegs war, behauptete jedoch, er habe südöstlich von Hofsstaðir am Meer einige Überreste von Wänden gefunden, von denen er glaube, es seien die Ruinen des alten Tempels. Kaalund stellte jedoch auch fest, daß die Brandung einen Teil dieser Ruinen bereits abgetragen habe.

Als ich selbst vor einigen Jahren mit Gunnar, dem alten Bauern von Hofsstaðir, über die Wiese hinunter zum Meer lief, erzählte er mir, bei seiner Übernahme des Hofes vor vierzig Jahren habe man keine Spuren der Ruinen mehr erkennen können. Das Meer habe, so der Bauer, die letzten Reste der Mauern, die der Däne Kaalund gesehen habe, wohl schon längst weggespült.

Als ich den Alten fragte, ob man die in der Saga erwähnte Dritsker (»Kotschäre«) noch sehen könne, lachte er und erzählte mir, diese berühmte Schäre habe die Brandung auch längst abgetragen. Mit der Kotschäre hatte es folgendes auf sich: Neben den Opferritualen im Tempel soll Þórólfur laut der Saga auf dem schmalen Ausläufer der Landzunge, auf der sein Hof stand, auch ein Bezirksthing – wohl das erste in der Geschichte Islands – veranstaltet haben. Bei solchen Versammlungen mußten natürlich bestimmte Verhaltensregeln beachtet werden:

»So heilig aber war ihm die ganze Stätte, daß er das Feld daselbst auf keine Weise besudeln lassen wollte, weder durch Blutvergießen noch dadurch, daß jemand dort seine Notdurft verrichtete. Für diesen Zweck aber war eine Felseninsel bestimmt worden, die man Kotschäre nannte.«

Diese Regelung seines Vaters nahm auch Þórólfs Sohn später so ernst, daß er mit Waffengewalt gegen einige Thingbesucher vorging, die ihre Schuhe nicht länger abnutzen wollten, »um zur Verrichtung ihrer Notdurft auf eine ferne Schäre zu gehen.« In der Saga nimmt dieser profane Streit ein blutiges Ende.

»Der Kampfplatz, auf dem sie gestritten hatten, aber war voller Blut, besonders dort, wo die Thorspitzleute während des Kampfes standen.«

Nach diesem sonderbaren Streit wurde das Thing auf eine nahe gelegene Landspitze verlegt, wo heute noch ein Hof mit dem Namen **Þingvellir** (»Thingplatz«) steht. Mitten auf der Hofwiese liegt ein Stein, von dem man glaubt, es sei derselbe, der in der folgenden Passage der Saga beschrieben wird:

»Dort ist noch der Gerichtskreis zu sehen, in dem die Männer zur Opferung verurteilt wurden. In diesem Kreis steht der Þór-Stein, an dem den zum Opfer bestimmten Männern das Rückgrat gebrochen wurde, und die Blutfarbe ist noch an dem Stein zu erkennen.«

Es ist in der altnordischen Literatur eine Seltenheit, daß ein so kleines Landstück in einem solchen Maße von altem Glauben umrankt ist. Man könnte vermuten, daß der Sagaautor, womöglich ein Augustinermönch aus dem Helgafell-Kloster, der näheren Umgebung seines Klosters am Fuße des Heiligenbergs mit etwas Phantasie zu ewigem Ruhm verhelfen wollte. Immerhin ist es ihm gelungen, die Landspitze Þórsnes mit einem Hauch von Mythos und Glauben zu umgeben, der dieser Landschaft bis zum heutigen Tage noch anhaftet.

Þórólfur Mosterbart und seine Nachfahren sind aber nicht die einzigen Sagahelden, die in dieser Landschaft ihre Spuren hinterließen. Hier fand gegen Ende des 10. Jahrhunderts eine Thingversammlung statt, bei der ein Siedler namens Eiríkur rauði (»Erich der Rote«) wegen Totschlags für vogelfrei erklärt wurde. Laut der *Eiríks saga* führte dieses Urteil dazu, daß Eiríkur aus dem Lande fliehen mußte und in See stach.

»Auf dieser Fahrt entdeckte Erich der Rote Grönland, wo er drei Winter lang blieb. Dann kehrte er wieder nach Island zurück und blieb daselbst einen Winter, bis er zur Besiedelung Grönlands endgültig aussiedelte. Das war vierzehn Jahre vor der Einführung des Christentums auf Island.«

Die Besiedelung Grönlands durch Eiríkur rauði begann folglich im Jahr 986. Sie hatte ein bedeutendes Ereignis zur Folge: Etwa fünfzehn Jahre später segelte Eiríks Sohn, Leifur Eiríksson, weiter gen Westen und betrat als erster Europäer in der Geschichte den nordamerikanischen Kontinent. Somit war die Entdeckung Amerikas – zumindest indirekt – die Folge eines Urteils, das vor tausend Jahren beim Thing auf dem Thorspitz gesprochen wurde.

Manche Einwohner der Gegend überlegen auch heute noch, wo und wie sich Eiríkur rauði auf die Seefahrt nach Grönland vorbereitet hat, wie Guðrún aus Stykkishólmur. Ich traf Guðrún in ihrem kleinen Haus in der Ortschaft. Die alte Dame hat ihre Kindheit auf der Insel **Öxney** im Breiðafjörður verbracht, von wo Eiríkur rauði in See gestochen sein soll. Heute ist Öxney unbewohnt. Früher fuhr Guðrún jahrelang zur Insel, um nach Eiríks Spuren zu suchen, und zog mit einem Spaten los, um unter der Erde nach Ruinen zu graben, was beim Leiter des Nationalmuseums in Reykjavík angeblich wenig Begeisterung hervorrief. Ihre Forschungen haben die Hobbyarchäologin davon überzeugt, daß Eiríkur rauði zunächst ohne seine Familie nach Grönland fuhr. »Er hat seine Frau und Kinder zur Nachbarinsel Galtarey gebracht. Öxney ist nur einen Katzensprung von der nächstgelegenen Küste von Galtarey entfernt. Mit den kleinen Booten, die sie damals hatten, war es kein Problem, zwischen den beiden Inseln hin- und herzufahren.«

Ich wollte wissen, warum Eiríkur seine Familie bei seiner ersten Grönlandfahrt ausgerechnet auf **Galtarey** zurückgelassen haben soll, wo sie ein Jahr lang auf seine Rückkehr warten mußte. Die alte Dame verrät mir, sie habe beim Graben auf Galtarey, wo sie sich übrigens ein Sommerhaus gebaut habe, die Grundmauern eines uralten Wikingerhauses entdeckt, das ihrer Ansicht nach das Haus sein müsse, in dem Eiríks Familie vor tausend Jahren den Winter verbrachte, während sie auf seine Rückkehr von Grönland wartete.

Selbsternannte Sagaforscher und Hobbyarchäologen wie Guðrún findet man überall auf Island. Auch wenn die Wissenschaftler von solchen Hobbyforschern nicht immer begeistert sind, haben sie von ihnen immer wieder nützliche

Die »Berserkerlava« auf der Halbinsel Snæfellsnes

Hinweise und Anregungen für ihre Forschungsarbeit bekommen. Im Falle Eiríks muß man sich allerdings nicht nur auf die Beschreibungen der Sagas verlassen: Vor einigen Jahren fand man in **Haukadalur**, wo Eiríkur mit seiner Familie den größten Teil seiner Zeit in Island gelebt haben soll, eine Hofruine, die als sein ehemaliger Hof vermutet wird. Der Ort ist nicht mit dem gleichnamigen Tal des Geysirs und mit dem im Nordwesten (siehe Rundfahrten 2 und 4) zu verwechseln. Es lohnt sich, den etwa 50 Kilometer langen, gut ausgeschilderten Abstecher in Richtung Búðardalur zu machen und den Hof Eiríks, **Eiríksstaðir** in Haukadalur, zu besichtigen.

Die Geschichte Eiríks spielt für die Isländer eine bedeutende Rolle, hat er doch Grönland und sein Sohn Leifur Nordamerika entdeckt. Der Saga ist zu entnehmen, daß Eiríkur rauði ein kluger und ein wenig schlitzohriger Mensch war: Dem neuentdeckten Land, wo vor allem ewiges Eis herrschte, gab er den attraktiven Namen Grönland, damit auch andere Lust bekämen, dort hinzuziehen. Heute würde man das als einen erfolgreichen »PR-Trick« bezeichnen! Leifur war nicht so gerissen wie sein Vater, doch teilte er mit ihm die seemännische Tüchtigkeit und Abenteuerlust. Beschreibungen deuten darauf hin, daß er ein ruhiger und bedächtiger Typ war, während sein Vater wohl etwas hitziger und unausgeglichener war. Schließlich war es sein lockerer Umgang mit dem Schwert, der die ganze Familie ins Exil gezwungen hatte.

Die Isländer hegen keinen Zweifel daran, daß Eiríkur rauði und sein Sohn Leifur vollblütige Isländer waren, auch wenn die Norweger gelegentlich versucht haben, ihren Anspruch auf den Entdecker Amerikas zu proklamieren. Der Vater Eiríks kam zwar aus Norwegen, aber bereits Eiríkur war in Island geboren und im abgelegenen Nordwesten der Insel, in Strandir, aufgewachsen. Später heiratete er eine Frau namens Þjódhildur und ließ sich mit ihr in Haukadalur nieder, wo er den Hof Eiríksstaðir baute. Dort wurde sein Sohn Leifur Eiriksson geboren und großgezogen, bis er im Alter von etwa elf Jahren mit seinen Eltern nach Grönland zog.

An einem sonnigen Spätsommertag fuhr ich in das Tal Haukadalur. Entlang des langgestreckten Haukadal-Sees erreichte ich Eiríksstaðir, wo man sich sehr für das Andenken an Eiríkur rauði und seinen Sohn Leifur engagiert hat. An solchen Tagen haftet der Landschaft Islands etwas Trügerisches an, etwas, das beim Reisenden das Gefühl weckt, diese Naturkulisse sei eine phantastische Täuschung der Sinne. Das Licht, die Farben, die klare und helle Luft – dieses besondere Naturerlebnis haben isländische Lyriker immer wieder besungen – und große Meister der bildenden Kunst, allen voran der geniale Maler Kjarval, haben in ihren Werken diesen besonderen Zauber der Landschaft einzufangen versucht.

In Eiríksstaðir hat man nicht nur die Ruinen eines Hofes aus der Wikingerzeit freigelegt, sondern gleich daneben einen originalgetreuen Nachbau des Hofes errichtet. In der Begleitung einer jungen Frau in Wikingerkleidern, die sich nach Leif Eiríkssons Schwester »Freydis« nannte, ließ ich mich durch das rekonstruierte Langhaus der Wikingerfamilie führen. Die junge Frau ließ keinen Zweifel daran aufkommen, daß es sich hier um die Ruinen von Eiríksstaðir handelte. Aber auch Archäologen gehen davon aus, daß Eiríkur rauði seinen Hof vor über tausend Jahren an jener Stelle bauen ließ. Als Beweis gilt ihnen die Tatsache, daß die Ruinen aus dem 10. Jahrhundert stammen, zumal es der einzige Hof in der Gegend war. Deswegen hatten sie es bei der Ausgrabung dieser Ruine leichter als an ande-

ren Orten, wo man einen Hof neben den anderen baute.
Der Hof blieb nach dem Auszug des ersten Siedlers unbewohnt. Und da eben überliefert ist, daß Eiríkur der einzige Siedler war, der dort mit seiner Familie gelebt hat, geht man davon aus, daß es sich um seinen Hof handelt.

Wenn man die Räumlichkeiten des nachgebauten Hofes besichtigt, fällt die Enge auf. Eiríkur scheint in Island nicht besonders wohlhabend gewesen zu sein. Erst nachdem er einige Zeit in Grönland gelebt hatte, ging es für ihn und seine Familie – zumindest in materieller Hinsicht – bergauf.

Das Rätsel von Flatey

»Ein scharfer Ostwind blies in der Morgenfrühe über die weite Bucht des Breiðafjörður und wühlte das Meer zwischen den westlichen Inseln zu weiß schäumenden Kämmen auf. Ein Papageientaucher flog konzentriert in schnellem Tiefflug dicht über der Wasseroberfläche dahin, und ein Kormoran breitete auf einer flachen Klippe die Flügel aus. Einige Gryllteisten tauchten in die Tiefe des Meeres hinab, während hoch oben Möwen kreisten und nach möglicher Beute Ausschau hielten. Die gesamte Tierwelt des Fjordes tummelte sich in der strahlenden Morgensonne.« Mit diesen Worten beginnt der Roman *Das Rätsel von Flatey* von Viktor Arnar Ingólfsson. Obwohl der Autor, der einen Teil seiner eigenen Kindheit auf der Insel **Flatey** verbrachte, in erster Linie eine spannende Kriminalgeschichte erzählt, vermittelt das Buch dem Leser doch zugleich die Atmosphäre dieser abgelegenen Inselwelt. Man sollte es unbedingt im Gepäck haben, wenn man von Stykkishólmur aus die lohnende Bootsfahrt nach Flatey macht. Vor allem die Charaktere des Romans lassen die Atmosphäre auf der Insel vor knapp einem halben Jahrhundert vor den Augen des Lesers lebendig werden. Abgesehen von den vielen Wendungen und Drehungen, in die sie wegen zweier mysteriöser Todesfälle auf den Inseln verwickelt sind, begegnen einem hier Charaktere, die den Bewohnern der Gegend glaubwürdig nachempfunden sind. Wer das Leben in einer kleinen Gemeinde in Island kennt, fühlt sich bei diesen Inselbewohnern heimisch. In so einer kleinen Welt passiert nicht viel Aufregendes. Deswegen findet der eine große Freude daran, zu registrieren, wer mit dem Postboot zwischen der Insel und dem Festland verkehrt. Ein anderer hat seit fünfzig Jahren die Insel nicht verlassen. Für ihn war das wenige Quadratkilometer große Landstück als Lebensraum groß genug. Und wenn Fremde in dieser kleinen Welt erscheinen, werden sie mit einer Mischung aus Neugier und Skepsis empfangen.

Abgesehen von den interessanten Charakteren, die uns auf Ingólfssons Insel begegnen, vermittelt der Roman auch einen Einblick in Lebensgewohnheiten und -verhältnisse, die in Island langsam am Verschwinden sind. Hier werden noch Möweneier und Seehundfleisch mit Griebenschmalz aufgetischt, die Inselbewohner fahren mit kleinen Fischerbooten zum Fischfang aufs Meer, sie legen Seehundnetze aus und holen sich noch Daunen aus den Nestern der Eiderenten. Auch in Ingólfssons Roman sind sich die Inselbewohner dessen bewußt, daß sie in einer »Sagalandschaft« leben.

Auf einer Bootsfahrt über den Fjord klärt ein Inselbewohner einen Besucher darüber auf, daß es im Breiðafjörður insgesamt um die dreitausend Inseln gebe und auch einen bedeutenden Schauplatz einer Saga.

»Grímur deutete auf eine Insel, die steil aus dem Meer ragte, und sagte: ›Die Insel dort drüben ist Hergilsey, seit kurzem nicht mehr bewohnt. Der Name geht auf Hergils Knopfarsch aus der Saga von Gísli dem Geächteten zurück. Hast du sie gelesen?‹

›Ja, aber das ist schon etwas länger her‹, entgegnete Kjartan.

›Der Sohn von Hergils war Ingjaldur, der auf der Insel lebte und Bauer war. Berühmt wurde er, weil er dem Geächteten Gísli Unterschlupf bei sich gewährte. Als der dicke Börkur den Ingjaldur töten wollte, weil er einen Vogelfreien versteckt gehalten hatte, sprach Ingjaldur der Alte folgendes.‹ Grímur holte tief Atem und intonierte mit veränderter Stimme: ›Nicht klage ich, wenn ich die Fetzen, die ich auf dem Leib trage, nicht völlig verschleißen kann.‹ Grímur grinste und fügte hinzu: ›Die Leute hier im Breiðafjörður haben noch nie viel Aufhebens um Lappalien gemacht.‹ «

Allgegenwärtig im Roman ist die berühmte Pergamenthandschrift *Flateyjarbók*, die nach der Insel Flatey benannt wurde, weil sie eine Zeitlang im Besitz von Leuten auf Flatey war. Dieses große Pergamentbuch, das ein reicher Großgrundbesitzer im Norden Islands im 14. Jahrhundert anfertigen ließ, umfaßt insgesamt 225 Blätter bzw. 450 Seiten. Und wie im Roman *Das Rätsel von Flatey* auch ausgeführt wird, ist das Format so groß, daß man die Haut von 113 Kälbern zur Herstellung des Buches benötigte.

»Es ist enorm viel Arbeit gewesen, die Tierhäute für das Flateyjarbók herzustellen, zu gerben, zu enthaaren und zu schaben, bis daraus ein wertvolles Pergament wurde.«

Für die Lösung der mysteriösen Vorfälle auf der Insel ist diese große Pergamenthandschrift im Roman von zentraler Bedeutung ...

Kampf mit Berserkern und Gespenstern

Nach den Abstechern ins Haukadalur und auf die Insel Flatey im Breiðafjörður verlassen wir die Ortschaft Stykkishólmur in westlicher Richtung. Nach wenigen Minuten auf der Hauptstraße erreichen wir einen gewaltigen Lavastrom, der den Namen **Berserkjahraun** (»Berserkerlava«) trägt. Obwohl man meinen könnte, der Name sei auf die vielen versteinerten Trollgesichter und -gestalten in der seltsam geformten Lava zurückzuführen, handelt es sich wieder um einen Namen aus der *Eyrbyggja saga*. Demnach geht der Name auf zwei schwedische Brüder namens Halli und Leiknir zurück, die zunächst dem zeitweiligen Herrscher über Norwegen, Jarl Hákon Sigurðsson, gedient hatten. Sie waren so groß und kräftig, daß man nirgendwo in Norwegen ihresgleichen fand.

»Sie wurden zu Berserkern und hatten kein menschliches Gebaren mehr, wenn sie in Zorn gerieten. Beide rasten dann umher, besessen wie Hunde, und weder Feuer noch Eisen schreckte sie. Für gewöhnlich aber kam man ganz gut mit ihnen aus, wenn man ihnen nicht in den Weg trat.«

Zusammen mit einem Freund des norwegischen Herrschers, Vermundur, kamen die beiden Brüder nach Island. Hier landeten sie bei Vermunds Bruder Víga-Styr (»Mord-Styr«), der auf dem Hof Hraun in der Nähe des Häuptlingssitzes Bjarnarhöfn (»Bärenhafen«) lebte. Víga-Styr kam mit den Brüdern zunächst gut zurecht. Eines Tages jedoch hielt einer der beiden Berserker bei Víga-Styr um die Hand seiner Tochter an. Der Häuptling bat um Bedenkzeit. Am nächsten Morgen ritt er nach Helgafell, um sich mit seinem Freund, dem mächtigen Goden Snorri, zu beraten.

»Als er dort ankam, bat Snorri ihn, bei ihm zu verweilen, aber Styr sagte, er wolle mit ihm sprechen und dann heimreiten. Snorri fragte, ob er einen schwierigen Fall mit ihm zu erörtern habe. ›Ich glaube wohl‹, erwiderte Styr. Snorri sagte: ›Dann steigen wir am besten auf den Heiligenberg. Die Beschlüsse, die man dort faßte, erwiesen sich bisher in der Regel als heilsam.‹«

Noch einmal taucht hier der Heiligenberg auf, diesmal jedoch als ein Platz, den die Häuptlinge aufsuchten, wenn sie schwierige und besonders wichtige Entscheidungen zu treffen hatten. Nachdem sich Víga-Styr mit dem Goden Snorri beraten hatte, verlangte er von dem Berserker, der um die Hand seiner Tochter gebeten hatte, daß er ihm vorher eine besondere Aufgabe erfülle.

»›Bahne mir einen Weg‹, sagte Styr, ›über die Lava seewärts bis Bärenhafen und führe einen Wall auf über die Lava zwischen meinen eigenen und den Weideplätzen meines Bruders, lege außerdem ein Schafpferch in der Lava an. Hast du dies alles vollbracht, dann werde ich dir meine Tochter Ásdís geben.‹ Halli erwiderte: ›Solche Arbeit bin ich zwar nicht gewohnt, aber ich will doch ja dazu sagen, wenn ich so leichter zu meiner Heirat kommen kann.‹ Styr sagte, auf diese Abmachung wollten sie sich dann einigen. Darauf begannen die Berserker die Straße über die Lava anzulegen, und das wurde ein gewaltiges Menschenwerk. Auch den Wall, von dem man noch jetzt Überreste sieht, bauten sie auf, und legten endlich auch das Schafpferch an.«

Heute noch, siebenhundert Jahre nachdem diese Worte ihren Weg auf die Kalbshaut fanden, kann man in der Berserkerlava einen wie von Menschen geebneten Pfad sowie die Überreste eines aus Lavablöcken aufgerichteten Walls erkennen. Zu der dem Berserker versprochenen Heirat ist es allerdings nie gekommen. Als die beiden Brüder diese schweren Aufgaben erfüllt hatten, wurden sie von ihrem Auftraggeber Víga-Styr heimtückisch ermordet.

Wir fahren von der Berserkerlava weiter Richtung Westen und erreichen kurz vor der Ortschaft **Ólafsvík** ein Schild, auf dem der Name **»Fróðá«** steht. Wie so oft in Island fällt hier auf den ersten Blick nichts Außergewöhnliches auf. An dem kleinen gleichnamigen Fluß, der sich gemächlich durch die Gegend bahnt, herrscht völlige Ruhe, außer im Sommer, wenn Golfer am Flußufer unterwegs sind. Nichts deutet darauf hin, daß diese friedliche grüne Hügelland-schaft einst der Schauplatz einer der schauerlichsten Gru-selgeschichten war, die sich im Land je zugetragen hat. Wer jedoch die *Eyrbyggja saga* kennt, möchte hier auf kei-nen Fall eine Nacht verbringen: Es beginnt damit, daß auf dem Hof Fróðá im Frühsommer eine keltische Frau mit dem Namen Þórgunna auftaucht, die von dem Bauern als Aushilfe eingestellt wird. Sie ist mit einem Schiff aus Dub-lin nach Island gekommen. Eines Tages, als die Leute vom Hof mit dem Trocknen von Heu auf der Wiese beschäftigt sind, erscheint am Himmel plötzlich eine schwarze Wolke, so daß es am hellichten Tag völlig dunkel wird. Als es aus der Wolke zu regnen beginnt, stellen die Leute fest, daß es Blut regnet. Man verbindet diesen seltsamen Vorfall mit der keltischen Einwanderin, nicht zuletzt deshalb, weil das Blut auf dem Heu der anderen gleich wieder trocknet, auf ihrem jedoch nicht.

Auf das seltsame Ereignis folgt aber noch eine Reihe wei-terer: Am Abend erkrankt Þórgunna und stirbt wenig spä-ter. Kurz vor ihrem Tod schenkt sie der Bauersfrau ein schönes Kleid, befiehlt aber ausdrücklich, daß ihre Bett-wäsche nach ihrem Tod verbrannt werde, sonst werde ein großes Unglück geschehen. Þórgunnas Leiche wird auf ih-ren Wunsch hin nach Skálholt gebracht. Als die Träger nach einem furchtbaren Unwetter bei einem Bauern einkehren wollen, weist dieser sie ab. Daraufhin steht die Leiche auf und holt den Männern Futter aus der Vorratskammer des Bauern.

Und auch am Abend des Tages, an dem sie beerdigt wird, tragen sich auf Fróðá seltsame Dinge zu. Ein sogenannter Schicksalsmond, der als Vorbote böser Ereignisse galt, wirft plötzlich seine Strahlen auf die Wand, während ein Schafshirt seinen Verstand verliert und stirbt. Weitere fünf Männer sterben aus unerklärlichen Gründen. Jeden Abend hören die Leute furcherregenden Lärm aus der Vorratskammer, ohne daß sie dort irgendein Anzeichen von Leben finden können. Als kurz vor Weihnachten zwei Fischerboote mit insgesamt zwölf Männern untergehen, kehren die Toten zurück und nehmen in ihren feuchten Seemannskleidern mehrere Abende lang an ihrem eigenen Leichenschmaus teil.

Weitere seltsame Ereignisse tragen sich auf Fróðá zu. Aus einem Trockenfischstapel am Hof taucht eines Abends ein großer Seehundskopf auf. Als ein Angestellter am Hof versucht, ihn niederzuschlagen, wird er selbst getötet. Kurz danach taucht ein Rinderschwanz aus dem Fischstapel auf, der den Leuten ebenfalls zu schaffen macht. Schließlich gelingt es einem Häuptling aus der Gegend jedoch, die Gespenster zurückzuschicken. Als Þórgunnas Bettwäsche endlich verbrannt wird, ist der Spuk endgültig vorbei.

Skurrile Pfarrer und magisches Eis

Wenn wir weiter auf der Straße um Snæfellsnes fahren, erreichen wir bald die westliche Spitze der Halbinsel. Hier thront der **Snæfellsjökull** eindrucksvoll über der Landschaft. Der Gletscher ist das zentrale Motiv in Halldór Laxness' Roman *Am Gletscher* (1968). Darin erhält ein junger Theologe vom Bischof den Auftrag, auf die Halbinsel Snæfellsnes zu reisen, um die »Seelsorge am Gletscher« unter die Lupe zu nehmen. Nach den Worten des Bischofs geht es in diesem Fall um die größte Untersuchung, die seit den Tagen von Jules Verne an dem »weltberühmten Berg« vorgenommen wurde. Der junge Vertreter des Bischofs soll vor allem den alten Pfarrer Sira Jón Primus in Augenschein nehmen, um herauszufinden, ob der Pfarrer »verrückt ist oder nicht, oder vielleicht nur begabter als wir anderen«, wie es im Roman heißt.

Und auch die seltsamen Ereignisse von Fróðá tauchen im Roman wieder auf: Bei dem Besuch in der Gemeinde am Gletscher stößt der Theologe auf viele sonderbare Charaktere, darunter den alten Bauern und Kirchenvorsteher Tumi Jónsson, der mit Vorliebe aus den Sagas erzählt. Dem angereisten Vertreter des Bischofs berichtet er von sonderbaren Ereignissen, die sich einst in dieser Gegend zutrugen.

»›Die erste Bewohnerin der Gegend, jene Þórgunna, die einst hierher aus Dublin kam, war eine Zauberin und bewirkte zur Zeit der *Eyrbyggja saga* die Wunder von Fróðá. Þórgunna war hochgewachsen, recht ansehnlich und schmuck‹, sagt Tumi, ›und sehr rüstig, obwohl an die fünfzig. Damals nannte man die Frauen rüstig, von denen man heute sagt, sie seien hervorragend. Aus den alten Quellen geht nicht eindeutig hervor, woher Þórgunna kam, ob sie Schottin, Waliserin, Keltin oder Irin war, nur daß sie keine nordische Frau war. Es ist deswegen nicht wahrscheinlich, daß sie Þórgunna hieß. Wie sie wirklich geheißen hat, wissen wir aber nicht‹, sagt Tumi Jónsson. ›Eines ist sicher, sie hat hier am Gletscher von allen Frauen die sonderbarsten Dinge vollbracht. Þórgunna war besonders begabt darin, mit Zauberrunen Verderben zu stiften, und die Berichte von ihrer Zauberkunst sind noch immer ein wichtiger Forschungsgegenstand der Historiker, wenn er auch für viele ziemlich

Unterwegs am Strand mit den trittsicheren Islandpferden

tabu ist. Die Frau brachte neunzehn Menschen zu Wasser und zu Lande zu Tode und erweckte sie alle wieder zum Leben, damit sie an ihrer Totenfeier teilnehmen konnten. Die Ertrunkenen setzten sich triefend naß ans Feuer und begannen ihre Kleider auszuwringen, die Begrabenen schüttelten ihre Kleider und bestreuten die Leute mit Erde. Es kann jedoch sein‹, sagt Tumi Jonsson, ›daß es sich um Spaßvögel gehandelt hat, vielleicht um Auswärtige, die sich verkleidet hatten, um die Leute zu erschrecken.‹«

Verbotene Liebe in den Bergen

Wie die meisten Personen in Halldór Laxness' Roman *Am Gletscher* ist auch Tumi Jónsson mit einer reichen Portion Ironie ausgestattet. Mit vielen seiner Landsleute hat er gemein, daß er die Erzählung des Sagaautors mit Skepsis betrachtet. Er zweifelt zwar nicht daran, daß es vor langer Zeit am Gletscher eine sonderbare Ausländerin gegeben hat, die großes Unheil im Leben der Bauern anrichtete, bezweifelt aber, daß der Sagaerzähler alle Einzelheiten dessen, was geschah, auch wahrheitsgetreu wiedergegeben hat. Dieser »spielerische« Umgang mit den Sagas ist bei den Isländern sehr verbreitet. Man vergnügt sich damit, zwischen den Zeilen zu lesen und die Erzählung nach eigenem Gutdünken zu interpretieren.

Es gibt aber neben Þórgunna noch eine weitere Frau, die in der *Eyrbyggja saga* an anderer Stelle eine Rolle spielt. Sæmundur Kristjánsson, ein Vorarbeiter aus Ólafsvík, erzählte mir von ihr. Ich traf ihn, als ich an einem angenehmen, leicht bewölkten Sommertag in dieser Gegend unterwegs war. Man hatte mir gesagt, daß er die Schauplätze der Saga in dieser Region so gut wie kein anderer kenne. Mit Sæmundur fuhr ich nach Fróðá, wenige Minuten vom Orts-

eingang entfernt, wo wir uns in der Nähe des Flüßchens auf
eine alte Steinwand setzten. Hier lebte einst, so die *Eyrbyggja saga*, eine Frau namens Þuríður, die mit Þóroddur,
dem Bauern von Fróðá, verheiratet war. Im Lauf der Zeit
wurde das Gerücht immer lauter, daß Þuríður mit dem gutaussehenden Bauern Björn, der auf der Südseite der Halbinsel in **Breiðavík** lebte, ein Liebesverhältnis habe. Björn sei
immer wieder über den Berg gewandert und habe sich
lange mit Þuríður unterhalten.

Þuríðs Mann war über diese Besuche sehr erbost. Sæmundur erzählte, wie Þóroddur und seine Freunde versucht hätten, diesem Umgang ein Ende zu machen. So hätten sie dem
Verführer unter einer Anhöhe hinter dem Hof zu fünft auf-
gelauert. Dort kam es zu einem Kampf, bei dem Björn zwei
von Þórodds Männern tötete, während Þóroddur selbst mit
zweien seiner Knechte nach Hause flüchtete. Sæmundur
fügte hinzu, daß Björn, weil er sehr eitel gewesen sei und
seine schönen Kleider schützen wollte, auf dem Weg zu Þuríður nicht durch den Fluß Fróðá gewatet, sondern unterwegs über eine Schlucht gesprungen sei, die der Fluß oben
im Gebirge durchfließt. Dort gebe es auch eine Stelle, die
man **Björnshlaup** (»Björns Sprung«) nennt.

Sæmundur erzählte mir weiter, er habe sich schon als Kind
für die *Eyrbyggja saga* begeistert. Als kleiner Junge habe er
eine Zeitlang bei einem älteren Mann gelebt, der ihn immer wieder zu den Schauplätzen der Saga mitgenommen
und die Geschichten sehr lebhaft geschildert habe. Außerdem sei es auf dem Land sehr wichtig gewesen, daß kleine
Jungen, die Schafe treiben und Kühe zum Melken holen
mußten, die Namen in der Landschaft kannten, damit sie
sich zurechtfinden konnten.

Die Liebe spielte auch noch in anderen Geschichten der Gegend immer wieder eine zentrale Rolle, wie beispielsweise

in der *Víglundar saga*, einer kleinen Saga, deren Schauplätze an der vordersten Spitze der Halbinsel Snæfellsnes zu finden sind, zwischen den beiden Fischerdörfern **Rif** und **Hellissandur**. Im Mittelpunkt der Geschichte steht die Liebe zwischen Víglundur und Ketilríður sowie ihre schmerzvolle Trennung. An dem Fluß Hólmkelsá, unweit der heutigen Ortschaft Hellissandur, soll vor langer Zeit der Hof Foss gestanden haben, auf dem Ketilríður wohnte. Eines Abends begibt sich der von ihr geliebte Víglundur von seinem Hof Ingjaldshóll nach Foss, um Ketilríður mitzuteilen, daß er ins Ausland fahren müsse. Ketilríður äußert ihre Zufriedenheit darüber, daß es ihm gutgehe, wie auch immer es um sie selber bestellt sein werde.

Daß Gefühle wie in der folgenden Passage so offen und mit einer solchen Intensität beschrieben werden, ist in der altnordischen Literatur eine Seltenheit, sind die Isländersagas doch gerade für ihre spärliche Darstellung in dieser Hinsicht bekannt.

»Víglundur bat sie, ihm das Haar zu schneiden und seinen Kopf zu waschen. Das tat sie. Und als sie damit fertig war, sagte Víglundur: ›Ich schwöre, daß keine andere Frau als du meinen Kopf scheren oder meine Haare waschen wird, solange du lebst.‹ Dann gingen sie zusammen hinaus und trennten sich auf der Hauswiese. Víglundur küßte Ketilríður, die bitterlich weinte. Es war den beiden leicht anzumerken, daß es ihnen schwerfiel, sich zu trennen, und doch mußte es sein. Sie ging nun wieder in die Stube hinein und er ging seines Weges. Als er noch nicht weit vom Hof entfernt war, da sprach Víglundur diese Strophe:

Standen wir beide auf der Hofwiese
Hlin umfaßte mich mit ihren
Händen, die der Schmerz zeugte von dem Vorhaben,

Es strich mit schneeweißem Tuche
Das Mädchen über meine Augen
feurige Frau,
Die Haarschöne, und weinte bitterlich.
In Strömen flossen die Tränen über die Wange,
Der Schmerz zeugte von dem Vorhaben,
Es strich mit schneeweißem Tuche
Das Mädchen über meine Augen«

Eines Abends fuhr ich mit dem ehemaligen Parlamentarier Skúli Alexandersson bei einer lebhaften Meeresbrise zu der Kirche am Hof **Ingjaldshóll**, um mit einem ortskundigen Sagakenner die Schauplätze der *Víglundar saga* aus der Nähe zu betrachten. Nachdem wir auf einer Steinwand neben der Kirche Platz genommen hatten, zeigte Skúli auf einen Wasserfall, der in der Ferne von den Bergen hinunterrauschte. »Dort«, sagte er, »neben diesem Wasserfall stand der Hof Foss, wo Ketilríður wohnte. Der Fluß hat aber mit der Zeit die Grundmauern des Hofes fast vollständig weggespült.«
Skúli machte mich auch darauf aufmerksam, daß wir von dem Hügel neben der Kirche im Grunde den ganzen Schauplatz der Saga überblicken könnten. In Richtung des Meeres sah man einen kleinen Teich, der in der Saga »Esjutjörn« genannt wird. Hier fanden laut der Saga Ballspiele auf dem Eis statt. An den Spielen beteiligten sich nur die Männer, die Frauen schauten vom Hang aus zu. In der Pause setzte sich Víglundur neben Ketilríður. Bei der Gelegenheit schenkte Ketilríður ihrem geliebten Víglundur einen Ring, den sie nach ihrer Geburt von ihrem Vater als Geschenk bekommen hatte. Im Gegenzug schenkte Víglundur ihr den Ring »Haraldsnaut«, den er selber von seinem Vater bekommen hatte. Ketilríðurs Brüder waren von diesen Liebes-

bekundungen wenig begeistert, denn sie wollten nicht, daß sich ihre Schwester mit Víglundur liierte. Zwischen den Nachbarn von Ingjaldshóll und Foss gab es nämlich Konflikte, die wohl auf Neid und Eifersucht zurückzuführen waren. Skúli war der Ansicht, Ketilríðurs Mutter, die aus einer alteingesessenen Familie stammte, sei auf die zugereiste Familie von Víglundur eifersüchtig gewesen. Sie habe gefürchtet, daß die Neuankömmlinge ihrer eigenen Familie den Hof streitig machen könnten.

Mit Königssohn Bárður an der Felsenküste unterwegs

Wir setzen unsere Tour wenige Kilometer östlich, an der Südseite der Halbinsel Snæfellsnes fort. Hier trug sich eine Geschichte aus der *Bárðar saga* zu, deren Name auf den Königssohn Bárður zurückgeht. Seine königliche Herkunft ist allerdings ein wenig unklar: So soll sein Vater, König Dumboddur, von einem Riesengeschlecht, seine Mutter wiederum von einer Hexenfamilie abstammen. Bárður ist daher laut der Saga vom Ursprung her kein gewöhnlicher Mensch gewesen. Als Bárður mit seinem Schiff nach Island kam, landete er mit seinen Leuten in einer kleinen Bucht, die sich in die Halbinsel hineinschneidet. An der Bucht, die sie Djúpalónssandur nannten, entdeckten sie eine große Felshöhle, wo sie ihren Göttern opferten. Sie nannten die Höhle **Tröllakirkja** (»Trollkirche«). Bald nach ihrer Ankunft mußten Bárður und seine Schiffsleute austreten und entdeckten dabei, daß ihr Stuhl in einer etwas westlicher gelegenen Bucht ans Land geschwemmt worden war. So gaben sie ihr den bezeichnenden Namen **Dritvik** (»Kotbucht«). Ohne es zu ahnen, hat der unbekannte Verfasser der *Bárðar saga* mit dieser profanen Darstellung zum ersten Mal den Verlauf des Golfstroms an der Küste Islands geschildert!

Als Bárður und seine Leute begannen das Land zu erkunden, stießen sie am Fuße des nahe gelegenen Berges auf eine weitere große Höhle, in der sie sich eine Zeitlang aufhielten. In der *Bárðar saga* heißt es, hier sei alles, was sie sagten, »wieder auf sie zurückgekommen«, weil es in der Höhle ein lautes Echo gab. Der Höhle gaben sie daher den Namen **Sönghellir** (»Gesanghöhle«). Die Höhle mit dem schönen Echo findet man heute an der Bergpiste von Arnarstapi zum Jökulháls, wo die Snowscooter stationiert sind, mit denen unternehmungslustige Reisende auf die Spitze des Gletschers Snæfellsjökull gelangen können.

Bárður stieg wieder den Berg hinab, bis er zu einem Teich kam. Hier zog er sich aus und nahm ein Bad. Der Teich heißt seitdem **Bárðarlaug** (»Bardurs Bad«) und liegt in einem erloschenen Vulkankrater, nur wenige Schritte westlich der Abzweigung nach Arnarstapi.

Nicht nur an Bárðarlaug kann man sehen, daß es eine äußerst fruchtbare Wechselwirkung zwischen der Landschaft und den alten Heldengeschichten gegeben hat, aus der die heutigen Namen markanter Landschaftspunkte hervorgingen. Auf den heutigen Besucher hat das bei der Erkundung der Gegend freilich einen besonderen Reiz und wirkt äußerst phantasieanregend. Der Sagaforscher Einar Olafur Sveinsson forderte in einem Vortrag ausländische Studenten dazu auf, »die Fußsohlen als Hilfsmittel beim Lesen zu benutzen«. Diesem Rat sollte man Folge leisten. Wandert man über die Wiesen, durch die Täler und über die Hügel, wo sich diese Geschichten zugetragen haben sollen, kann man mit Hilfe der eigenen Phantasie die Worte auflesen, die die Sagahelden damals auf dieser grandiosen Naturbühne fallenließen. Vielleicht gelingt es uns dann, in dieser wilden und seit Jahrhunderten beinahe unberührten Naturkulisse den Hauch vergangener Zeiten wieder zu spüren.

Vor ein paar Jahren wanderte ich mit dem Lehrer, Dichter und Musiker Kristinn Kristjánsson, der in **Hellnar** wohnte, durch die Landschaft der *Bárðar saga*. Er klärte mich darüber auf, daß Bárður seinen Hof in **Laugarbrekka** errichtet habe, ein wenig oberhalb von Hellnar. Wo Bárðurs Hof früher gestanden haben soll, steht heute ein großes Schild zum Andenken an eine andere berühmte Person, Guðríður Þorbjarnardóttir, die etwas später an dieser Stelle geboren wurde. Guðríður soll um das Jahr 1000 in der Gefolgschaft des Entdeckers Leifur Eiríksson in die neue Welt gesegelt sein und dort das erste europäische Kind auf dem amerikanischen Kontinent geboren haben.

Kristinn verriet mir, seine Lieblingsperson in der Saga sei immer Helga, Bárðurs Tochter, gewesen. In der Geschichte bleibt sie als junges Mädchen beim Spielen durch einen Streich ihrer beiden Spielkameraden, der Brüder Sölvi und Rauðfeldur von Arnarstapi, auf einer Eisscholle vor der Küste zurück und wird anschließend mit Treibeis über das Meer bis nach Grönland getragen. In Grönland angekommen, verliebt sich Helga in einen Isländer und reist mit ihm nach Norwegen. Anschließend folgt sie ihrem Geliebten nach Island. Dort stellt sich jedoch heraus, daß er in Island eine Ehefrau hat, weshalb Helga aus Liebeskummer ihren Verstand verliert. Sie reist als Geistesgestörte mit einer Harfe im Land herum und tobt gegen Männer, die sich ihr nähern wollen, wobei sie einigen Freiern sogar Arme und Beine bricht.

Über Helga hat Kristinn sogar ein Musical geschrieben, und der berühmte Aktions-Künstler Dieter Roth, der jahrelang in Island wohnte, hat mit den Mitgliedern der *Bárðar-saga*-Band im eigens eingerichteten Studio in Hellnar am Fuße des Gletschers eine Schallplatte aufgenommen.

Von Helgas Vater Bárður heißt es in der Geschichte, er sei

nach dem Verlust seiner Tochter in eine solche Wut gera-
ten, daß er ihre beiden Cousins und Spielkameraden Sölvi
und Rauðfeldur getötet habe. Danach habe ihn eine solche
Traurigkeit ergriffen, daß er beschlossen habe, das Leben
zu verlassen. Er habe seinen Hof jemandem übergeben,
sei auf den Gletscher gestiegen und in ihn hineingegangen.
Seitdem, sagt man, wache er als Schutzgott über der Gegend.

Der Gletscher

Viele Jahrhunderte lang glaubten Seefahrer, die um die
Westküste Islands fuhren, der Gletscher an der Spitze der
Halbinsel Snæfellsnes sei der höchste Gipfel der Insel. Vom
Meer erscheint der knapp 1500 Meter hohe Berg mit der
weißen Kappe so majestätisch, daß dieser frühere Glaube
durchaus nachvollziehbar ist. Sehr früh hat man den Gletscher auch mit übernatürlichen Kräften in Verbindung gebracht, wie eben in der *Bárðar saga*, deren Held angeblich
immer wieder auf den Snæfellsjökull stieg, um aus ihm
Kraft zu schöpfen und sich zum Schluß in dem Gletscher
als Naturgeist zu verewigen.

Etwa fünfhundert Jahre nach der Niederschrift der *Bárðar
saga* steigen in Jules Vernes *Reise zum Mittelpunkt der
Erde* Otto Lidenbrock und dessen Begleiter in den vulkani-
schen Krater an der Spitze des Gletschers. In seinen Romanen beschreibt Verne – ein Autor von großem Glauben an
die Wissenschaft – vor allem die natürliche Beschaffenheit
des Gletschers. Vernes Roman hat auch in der isländischen
Literatur Anklang gefunden: Der Bischof aus Laxness' Roman *Am Gletscher* ist von diesem – wie er selber sagt – »gewaltigen Meisterwerk des französischen Schriftstellers«
hellauf begeistert:

Spitze des legendären Snæfellsjökull

»Keiner ist mehr der, der er vorher war, nachdem er dieses Buch gelesen hat. Niemals könnten unsere Leute so ein Buch schreiben, am allerwenigsten eins über den Snæfellsgletscher.«

Dabei hat auch Halldór Laxness selbst mit seinem Roman *Am Gletscher* ein Stück Weltliteratur über diesen eisbedeckten Berg verfaßt. Der Gletscher ist im ganzen Roman auf sonderbare Art und Weise gegenwärtig, selbst in Passagen, in denen er nicht explizit erwähnt wird. In den Worten des eigensinnigen Sira Jón Primus kommt das Verhältnis der Einwohner zu diesem seltsamen Berg zum Ausdruck: »Niemand aus den Ortschaften hier zweifelt daran, daß der Gletscher der Mittelpunkt der Welt ist.« Auf dem Höhepunkt der Erzählung geht der Vertreter des Bischofs ausführlich auf die Bedeutung des Gletschers für die Bewohner ein:

»Dieser Gletscher ist nie wie ein gewöhnlicher Berg. Wie bereits gesagt, ist er nur eine Kuppe und ragt nicht sehr hoch in den Himmel. Es ist, als hätte dieser Berg keine Meinung. Er behauptet nichts. Er will niemandem etwas aufdrängen, möchte keinem zu nahe treten ... Oft hört man von hellseherischen Leuten, daß ihre Seele den Körper verlassen kann. Das passiert dem Gletscher nicht. Doch das nächste Mal, wenn man hinsieht, hat der Körper den Gletscher verlassen, und nur die Seele ist übrig, in Luft gehüllt. Wie Unterzeichneter weiter oben im Bericht erwähnt hat, steht der Gletscher zu gewissen Tageszeiten verklärt in einer besonderen Helligkeit da, in goldenem Licht von großer Strahlungskraft, und alles außer ihm wird armselig. Es ist, als gehöre der Berg nicht mehr zur Erdkunde, sondern sei in die Ionosphäre entrückt ... Ein eigenartiger Berg. Des Nachts, wenn die Sonne hinter den Bergen steht, wird der Gletscher zu einem stillen Schattenbild, das in sich

selbst ruht und Menschen und Tieren das Wort ›nie‹ zuat-
met, das vielleicht ›stets‹ bedeutet. Komm, Hauch des Todes!«

An anderer Stelle bekennt der Pfarrer Jón Primus, er habe
einmal schöne Schuhe und ein Mädchen gehabt. Als ihn
der Vertreter des Bischofs fragt, was er jetzt habe, antwortet ihm der Pfarrer:

»Ich habe den Gletscher und natürlich die Lilien auf dem
Felde: Sie sind bei mir, ich bin bei ihnen; aber vor allem
der Gletscher. Kein Wunder, daß er diese guten Mädchen
hier gedeihen läßt. Früher, wenn ich müde war, freute ich
mich darauf, morgens bei ihr aufzuwachen … Jetzt freue
ich mich schon darauf, von diesem verantwortungsvollen
Amt fort und in den Gletscher einzugehen.«

So wie Bárður möchte der Gemeindepfarrer Jón Primus
auch in den Gletscher eingehen, wenn ihm die Stunde
schlägt. Damit schließt sich auch der Kreis von Leben und
Tod: Der Gletscher ist der Anfang und das Ende.

Diese Verschmelzung von Seelischem und Natürlichem,
von Geistigem und Sinnlichem taucht immer wieder auf,
wenn in Schriften von der Landschaft in dieser Gegend
die Rede ist. Sei es die Geschichte von dem Riesen in der
Bárðar saga, den ein Bauer auf den gewaltigen Meeresfelsen **Lóndrangar** sitzen sieht – ein leicht zu deutendes
Symbol für die Furcht, die man in dieser Gegend schon immer vor wütenden Meeresstürmen empfand. Oder sei es
die Hexe, die in dem steilen und bedrohlichen Küstenfel-
sen **Enni** hauste und mit ihrer bösen Hexerei den Bauern
in der Umgebung immer wieder Unheil brachte. Es wundert nicht, daß in dem Felsen eine Hexe hausen sollte, ist
er doch für gefährlichen Steinschlag und tödliche Erdlawi-
nen bekannt.

Der Glaube an die geheimnisvollen Gestalten und Geschich-

185

ten in der Landschaft hat aber noch einen weiteren Grund: Als die ersten Siedler vor über tausendeinhundert Jahren nach Island kamen, mußten sie sehr über das neu entdeckte Land gestaunt haben. In Norwegen kannten sie weder Vulkane und Lavaströme, noch heiße Quellen, ja nicht einmal warme Teiche. Hier mußten sie bald die bittere Erfahrung machen, daß das Dasein in der neuen Heimat tückischer war als in Norwegen. Feuerberge, die glühende Lava spieen, Quellen, die kochendes Wasser in die Luft schleuderten, Gletscherzungen, die sich mit gewaltigem Knirschen nach vorne schoben: All das wird den Siedlern damals Angst und Schrecken eingejagt haben. Im Lauf der Zeit lernten sie dann mit den Naturgewalten des Landes zu leben. Die Ehrfurcht vor der Natur ist ihnen aber geblieben und hat in Liedern und Geschichten, nicht zuletzt in den Sagas, ihren literarischen Ausdruck gefunden.

Doch nicht nur Angst und Ehrfurcht, sondern auch tiefe Bewunderung hegten die Bewohner und Besucher Islands für die einzigartige Natur der Insel. Jules Verne ist angeblich nie nach Island gekommen. Trotzdem enthält sein Roman *Reise zum Mittelpunkt der Erde* eine von Faszination getriebene Schilderung der Küste von Arnarstapi unterhalb des Gletschers, die der Autor wohl aus Reiseberichten oder von Gemälden seiner Zeit kannte:

»Dieses Ufer von fremdartiger Schönheit besteht aus einer langen Reihe fast zehn Meter hoher Basaltsäulen, über denen basaltene Architrave liegen, die zum Wasser hin leicht vorspringen. Eine Reihe von diesen Öffnungen, die dadurch entstanden, schien mir hervorragend durchgebildet und klassisch schön. Die Wogen schäumten unter diesen Arkaden hindurch und hatten bereits viele Säulen zerstört. Die zersprungenen Basaltblöcke lagen am Grunde des Fjordes verstreut wie auf einem antiken Trümmerfeld.«

Die Landschaft auf der Halbinsel Snæfellsnes hat in den Augen der Schriftsteller auch ihre kontemplativen Seiten. Vom Gletscher war in dem Zusammenhang schon die Rede. Auch die Vogelkolonie in den Felsen an der Küste regt in Halldór Laxness' Roman *Am Gletscher* den jungen Theologen und Vertreter des Bischofs zum Nachdenken über das Leben der Menschen an, was mit herkömmlicher Vogelkunde wenig zu tun hat.

»Das Geschrei dieser Vögel ist eine Funktion ihres Fluges, denn wenn sie sitzen, sind sie still. Ihr Gekreisch ist Ausdruck jenes Glücks, das diese geheimnisvolle Tageszeit zwischen drei und sechs Uhr morgens erfüllt. Der Klang ist weich und voll zugleich, kraftvoll, sicher, rythmisch. Oder beschreibe ich vielleicht das Hörvermögen des Mannes, der jung und gesund aufgewacht ist, während der Morgen offiziell noch nicht angebrochen ist und alles menschliche Leben noch schläft? Dann und wann tritt Totenstille ein. Sind es Kunstpausen? Oder ist eine böse Nachricht eingetroffen?

Das Ei auf der äußersten Kante ist das Bankkonto, das Statussymbol und Bekenntnis dieses Völkchens. Die Frau schmiegt sich an ihren Mann, was auch immer geschieht. Es ist, als wären ihre Sinne ausgeschaltet. Viele sitzen stundenlang regungslos da und scheinen Kopfrechnen zu üben. Einige schweben aus unerklärlichen Gründen ohne jede Anstrengung vor der Felsenwand über die Tiefe, wie Schneeflocken bei Windstille. Vielleicht halten sie Ausschau nach ihrem Feind, dem Eissturmvogel ... Manchmal scheinen sie aus einem geistlosen Buch vorzulesen, eine Vorlesung zu halten oder sogar aus der Hauspostille vorzustottern; einzelne alte Frauen zetern währenddessen leise mit sich selbst. Doch wenn bei dem schönen Wetter gerade alle der Schlummer überkommen will, erhebt irgendeiner, doch wahrscheinlich nicht immer derselbe, seine Stimme, denn ihm ist etwas Merkwürdiges eingefallen, wie er da bei seiner Frau und dem Ei saß; wer weiß, ob er nicht im Einschlafen eine patriotische Anwandlung bekommen hat und sie jetzt von sich gibt: O, Island, erwache. Ein anderer hat plötzlich eine Idee und will sofort die Welt erlösen, und fliegt auf mit den Worten: Alles ist besser, als passiv zu sein! Wieder ein anderer verschafft sich laut Gehör, nur weil er einen Witz erzählen will. In der nächsten Sekunde umgibt tiefes Schweigen den Fels.«

In dieser Schilderung der Möwenkolonie an der Küste von Arnarstapi zeichnet Halldór Laxness ein ironisches Bild von den Menschen, indem er ihr Leben auf die Vögel projiziert. Auch in den kleinen Fischerdörfern an der Küste streiten und lieben sich Mann und Frau; manche sind aktiv, andere ziehen die Flasche, den Rausch oder den Müßiggang vor. Die Vogelkolonien sind übrigens auch ohne das ihnen eingehauchte menschliche Leben ein sehenswertes Naturerlebnis.

6. Historische Ziele im Südwesten

*Hvalfjörður – Kirche von Saurbær – Borgarnes – Landnahme-
zentrum – Reykholt – Hraunfossar – Þingvellir*

Zu den Kriegern und Skalden

Von Reykjavík aus bietet sich ein Tagesausflug in die Welt
der Skalden und Wikinger im Südwesten des Landes an.
Selbstverständlich können die Ziele dieser Rundfahrt auch
direkt von der letzten Etappe unserer Inselumrundung, der
Halbinsel Snæfellsnes, angefahren werden. In Reykjavík
beginnend fahren wir zunächst auf der Ringstraße Richtung Akureyri bis zum Tunnel, der unter dem **Hvalfjörður**
(»Walfjord«) hindurchführt. Statt durch den Tunnel zu fahren, biegen wir landeinwärts in den Hvalfjörður ein. Dieser Abstecher von der Hauptstraße lohnt sich in zweierlei
Hinsicht. Zum einen führt dieser ehemalige Teil der Ringstraße durch eine landschaftlich faszinierende Gegend, die
inzwischen ein wahrer Geheimtip für Naturfreunde geworden ist. Die Fahrt am Ufer des Fjordes entlang ist traumhaft
schön, nicht zuletzt wenn die Wellen bei Sonnenschein das
Licht in allen erdenklichen Farbschattierungen reflektie-
ren.

Zum anderen ist diese Region – im wahrsten Sinne des
Wortes – durchdrungen von Literatur: Wenn man ans Ende
des Fjordes kommt, sieht man eine kleine Insel, die auf den
ersten Blick kaum vermuten läßt, daß es dort irgendwann
eine Menschensiedlung gegeben hat: **Geirshólmi**. Die Insel
hat in der mittelalterlichen *Harðar saga* eine bedeutende
Rolle gespielt. Auf dem steilen Felsen sollen zur Zeit der
Saga an die zweihundert Krieger Zuflucht gefunden und
von hier aus ihre Raubzüge unternommen haben.

Vífill Búason, ein Bauer auf dem Hof **Ferstikla** am Nordufer

1 *Geirshólmi* **2** *Kirche von Saurbær* **3** *Ferstikla* **4** *Borgarnes mit dem Landnahmezentrum* **5** *Reykholt* **6** *Hraunfossar* **7** *Surtshellir* **8** *Þingvellir*

des Fjordes, hat sich mit dem Treiben seiner Vorfahren im Mittelalter am Fjord auseinandergesetzt. Er führt uns durch die Ereignisse der *Harðar saga*. Laut Vifill Búason war Hörður Grímkelsson, der Held der Saga, schon als kleiner Junge dem Unglück geweiht. Bei seinen ersten Gehversuchen zerreißt er aus Versehen eine wertvolle Halskette seiner Mutter. Die Mutter wird wütend und verflucht ihren kleinen Sohn. »Schlimm war dein erster Gang im Leben«, sagt sie. »Es werden viele weitere schlimme folgen, und dein letzter Gang wird am schlimmsten sein.« Grimkell, Hörðurs Vater, will den Jungen vor dem Fluch und den Wutausbrüchen seiner Frau schützen und gibt ihn zu einem netten Ehepaar auf einem nahe gelegenen Hof in Pflege. Hörður wächst zu einem kräftigen, gutaussehenden und herausragenden jungen Mann heran.

Als er erwachsen ist, ist er einige Jahre in Norwegen als Söldner tätig. Dort verliebt er sich in die schöne Helga, die Tochter eines Adeligen, und heiratet sie. Bald kehrt er nach Island zurück und läßt sich am Hvalfjörður auf einem Hof nieder. Es fällt ihm jedoch nicht leicht, in das normale Bauernleben seiner Heimat zurückzufinden.

Und so geschieht es, daß Hörður bei einem Streit zur Waffe greift. Er wird aus dem Land verbannt, weigert sich jedoch, dem Urteil zu folgen, und zieht gemeinsam mit seinem Ziehbruder Geir das Leben eines Geächteten vor.

Nachdem sie mit einer ganzen Bande von Ausgestoßenen immer wieder die Bauern im Westen der Insel beraubt haben, lassen sie sich auf Geirshólmi nieder. Die dort ansässigen Bauern beschließen bald, sich gegen die Geächteten zur Wehr zu setzen, und wollen die Bande in eine tödliche Falle locken. Von der Landzunge Dögurðarnes (heute **Þyrilsnes**) gegenüber der Insel wird ein Mann zu den Vogelfreien mit der Botschaft geschickt, man wolle mit ihnen

Frieden schließen. Obwohl Hörður diesem Friedensangebot nicht traut, wollen die meisten seiner Männer darauf eingehen, da sie es müde sind, als Vogelfreie ständig um ihr Leben fürchten zu müssen. Sie rudern also vertrauensvoll an Land, wo ihnen die Bauern auflauern und sie töten.

Nur Helga, Hörðurs Frau, ist mit ihren beiden jungen Söhnen auf der Insel zurückgeblieben. Als ihr klar wird, was am Ufer vor sich geht, nimmt sie das Schicksal in ihre Hand und rettet in einer mutigen Aktion ihre beiden Söhne.

»Sie schwamm durch die Nacht hinüber zur Bláskeggsá (›Blaubartsache‹) und brachte so ihren vierjährigen Sohn Björn ans Land, und dann schwamm sie ihrem achtjährigen Sohn Grimkell entgegen, denn er konnte sich kaum mehr über Wasser halten, und brachte auch ihn ans Land. Die Stelle heißt heute Helgusund. Sie stiegen noch in der Nacht auf den Berg über dem Þyrill (›Wirbelhof‹) und rasteten in der Scharte, die heute noch Helguskarð (›Helgas Scharte‹) heißt.«

Wenn man heute am Meer nahe dem Fluß Bláskeggsá steht, kann man sich kaum vorstellen, wie es der Frau gelungen ist, diese Leistung zu vollbringen. Deswegen frage ich Vífill Búason, ob er glaubt, daß sich die Ereignisse, die in der *Harðar saga* geschildert werden, auch in Wirklichkeit zugetragen haben. Diese Frage entlockt dem Bauern ein Lächeln.

»Ja«, sagt er, »ich bin davon überzeugt, daß die meisten Schilderungen der Saga auf Wahrheit beruhen. Allerdings muß man natürlich in Betracht ziehen, daß der unbekannte Autor der Geschichte die Wiedergabe der Ereignisse sicherlich auf seine Art gefärbt hat.«

Das Gespräch mit Vífill Búason über die *Harðar saga* macht mir deutlich, daß in Island der Typus des autodidaktisch gebildeten Bauern, der sich in seiner freien Zeit intensiv mit den Schriften seiner Vorfahren beschäftigt, noch nicht ausgestorben ist – auch wenn er seit dem Einzug der Moderne in Island vor etwa siebzig Jahren stark zurückgegangen ist.

In unmittelbarer Nähe des Hofes Ferstikla steht die weiß getünchte **Kirche von Saurbær** mit ihrer pittoresken Lage am Meer und den sehenswerten Glasmalereien der isländischen Künstlerin Gerður Helgadóttir. Hier wirkte im 17. Jahrhundert der Pfarrer Hallgrímur Pétursson, der bekannteste Prediger und Psalmendichter in der Geschichte Islands. Nach ihm wurde die Hallgrímskirkja in Reykjavík benannt.

Während seiner Zeit in Saurbær verfaßte er jene fünfzig *Passionshymnen* (»Passíusálmar«), die jedes Jahr zur Fastenzeit im Isländischen Rundfunk vorgetragen werden. In ihnen wird der Leidensweg Christi in poetischer Form dargestellt. Eine der Schriften, die Hallgrímur Pétursson seiner Passionsdichtung zugrunde gelegt haben soll, ist ein »Monolog der Seele« des deutschen Theologen Martin Moeller, in dem ebenfalls das Leiden und der Tod Christi erläutert werden.

Wahrscheinlich hat auch Hallgríms eigenes Leiden wesentlich zu der dichterischen Gestalt der Leidensgeschichte beigetragen, denn in seiner zweiten Lebenshälfte ist er an Lepra erkrankt und 1674 daran gestorben. Die letzten Tage seines Lebens hat er auf dem Hof Ferstikla verbracht – wo heute der Bauer und Sagakenner Vífill Búason lebt.

Laut dem Volksmund soll Hallgrímur die Passionshymnen zum größten Teil im Freien gedichtet haben, vor allem am sogenannten »Hallgrímsstein«, der oberhalb der heutigen Kirche zu finden ist. Es heißt auch, er habe einen Teil dieser im ganzen Norden berühmten religiösen Dichtung an der Hallgrímslind (»Hallgrimsquelle«) verfaßt, einer sprudelnden Quelle, die sich in der Nähe des Hallgrímssteins befindet.

Neben den *Passionshymnen* schrieb Hallgrímur eine Reihe von weltlichen und religiösen Gedichten, darunter die Hymne *Über des Todes ungewisse Zeit*, die bis zum heutigen Tag jeden gläubigen Isländer ins Grab geleitet.

Hallgrímur Pétursson ist in die Geschichte Islands als legendäre Gestalt eingegangen. Man hat ihm als Dichter eine solche Kraft nachgesagt, daß es ihm sogar gelungen sein soll, einen Fuchs, der über die Wiese vor der Kirche lief, mit einem aus dem Stegreif gesprochenen Vierzeiler zu töten. Deshalb, so die Legende weiter, habe ihm der Allmächtige eine Zeitlang die dichterische Gabe entzogen, als Strafe dafür, daß er sie zur Tötung eines Gottesgeschöpfes mißbraucht habe.

Hallgrímur Pétursson wurde in seinen jungen Jahren vom damaligen Bischof Brynjólfur Sveinsson gefördert, der ihm ein Studium in Kopenhagen ermöglichte. Dort lernte er Gudríður Símonardóttir kennen, als er damit beauftragt wurde, einer Gruppe von Isländern Unterricht im christlichen Glauben zu erteilen, die 1627 von algerischen Seepiraten entführt worden und neun Jahre später freigekauft worden waren. Das dramatische Leben der Gudríður und die Beziehung der beiden zueinander werden in Steinunn Jóhannesdóttirs (*1948) Roman *Die Isländerin* (2001) behandelt.

Mit Gudríður Símonardóttir, die ebenfalls bis heute unvergessen ist, lebte Pétursson zunächst an der Südwestspitze der Insel, bevor er das Amt des Gemeindepfarrers in Saurbær übernahm. Für den, der das Leben des bekannten Paares nachempfinden möchte, lohnt sich auf jeden Fall ein kleiner Abstecher zur Kirche am Meeresufer.

Auf den Spuren des Skalden Egill Skallagrímsson

In der kleinen Ortschaft **Borgarnes** am Fuß des Berges Hafnarfjall befindet sich das »**Landnahmezentrum**«. Hier werden Besucher sowohl in die Besiedelung Islands im 9. und 10. Jahrhundert als auch in die Welt der *Egils saga* eingeführt, einer der meistgelesenen Isländersagas aus dem Mittelalter.

Schauen wir uns zunächst an, wie die Landnahme von Egils Vater, dem Norweger Skallagrímur, beschrieben wird:

»Skalla-Grim nahm Land zwischen Berg und See, die ganzen Myrar bis hinunter zu Selalon und oben bis zum Borgarhraun, im Süden aber bis zu den Hafnarfjöll, sowie alles Land, durch das Flüsse zum Borgarfjord fließen. Im Frühjahr fuhr er mit dem Schiff nach Süden in den Fjord und in die Bucht, die der Stelle am nächsten lag, an der Kveldulf an Land gekommen war, und dort errichtete er einen Hof und nannte ihn Borg und den Fjord Borgarfjord; von da an nannte man auch den Bezirk um den Fjord so.«

Es ist faszinierend zu wissen, wie die Orte, die man heute mit dem Auto erreicht, vor über tausend Jahren ihre Namen bekamen – noch dazu vor dem Hintergrund, daß Island zu der Zeit, als die Siedler aus Norwegen kamen, von den Bergen bis zu den Meeresufern mit Birkenwäldern bedeckt und unbewohnt war.

Bald nach seiner Ankunft kam Skallagrímur mit den Tieren der Insel – Vögeln, Lachsen, Polarfüchsen – in Berührung. In einer großen Bucht fanden seine Männer viele Enten und nannten sie »Andakíl«, und den Fluß, der ins Meer mündet, »Andakílsá«.

»Im Frühjahr, als Skalla-Grim sein Vieh draußen an der See entlangtreiben ließ, kamen sie an eine kleine Landspitze und erlegten dort ein paar Schwäne und nannten die Landspitze Álftanes (›Schwanenspitz‹).«

So begann sich die namenlose Natur allmählich mit Wörtern zu füllen, aus denen Geschichten wurden, die sich über das ganze Land verbreiteten.

Nach seiner Ankunft im Land ließ Skallagrímur seine Männer an den Küsten Treibholz sammeln, an dem es nicht mangelte. Aus dem Holz ließ er nicht nur Schiffe, sondern auch einen zweiten Wohnsitz für sich und seine Leute in Álftanes bauen. Die Männer betrieben Seehundjagd und Fischfang, sammelten Eier und töteten Wale, die man damals nach Belieben schießen konnte, wie es in der Saga heißt.

An der See, in **Rauðanes**, ließ Skallagrímur eine Schmiede bauen, um Werkzeuge aus Raseneisenstein zu schmieden. Und da er hier vor Ort keinen Stein fand, der geeignet war, um Eisen darauf zu schlagen, ruderte er mit einem Boot aufs Meer. Als er weit draußen war, stieg er über Bord und tauchte zum Meeresboden, um einen Stein heraufzubringen, den er dann mit dem Boot ans Land brachte. Den Stein legte er vor der Schmiedetür ab.

»Dieser Stein liegt heute noch dort, und man kann sehen, daß er oben abgeschlagen ist und daß es ein Block ist, der von der Brandung glattgeschliffen wurde ...«, sagte Kjartan Ragnarsson, der enthusiastische Gründer und Leiter des Landnahmezentrums, über einen Stein in der Nähe des Meeres in Rauðanes.

Eine kuriose Geschichte wird auch über Skallagríms Tod berichtet, der nicht wollte, daß sein Sohn Egill in den Besitz seiner Reichtümer kommt. Als er merkte, daß seine letzte Stunde nahte, ritt er mit seinem ganzen Vermögen, einer Kiste und einem Kessel voller Silber, davon.

»Die Leute haben das später als Tatsache betrachtet, daß er ein Stück davon oder beide in das Moor Krumskelda geworfen und einen Stein darüber gelegt habe.«

Am nächsten Morgen war Skallagrímur tot. Weil die Lei-

che so steif war, daß sie die Männer am Hof weder gerade-
strecken noch aufheben konnten, wurde sein Sohn Egill,
der woanders auf Besuch war, nach Hause geholt. Egill
ließ eine Wand an der Südseite des Hofes aufbrechen, um
seinen Vater hierdurch ins Freie tragen zu können. Man
ließ den Toten eine Nacht unter einem Zelt liegen.

»Am Morgen aber, während der Flut, legte man Skalla-
Grim in ein Schiff und ruderte mit ihm hinaus nach Digranes. Da ließ Egill ganz vorn auf der Landspitze einen Hügel
errichten, auf den man Skalla-Grim und sein Pferd, seine
Waffen und die Schmiedewerkzeuge legte; es wird nichts
davon erzählt, daß Geld oder Schätze zu ihm in den Hügel
gelegt worden wären.«

Mit Kjartan Ragnarsson stand ich an dem Hügel im kleinen Park in Borgarnes. Der Hügel wird auch heute noch
Skallagríms-Hügel genannt. In der Ortschaft und deren
Umgebung begegnen dem Besucher immer wieder Steinhü-
gel. Sie weisen auf einzelne Szenen in der *Egils saga* hin, die
sich dort zugetragen haben. Kjartan gab mir zu verstehen,
daß der Sagaautor die Zeremonie sehr glaubwürdig dargestellt habe. »Natürlich«, sagte Kjartan, »ist klar, daß die irdischen Überreste von Skallagrímur und seinem Werkzeug
schon längst der Vergänglichkeit anheimgefallen sind. Das
tut jedoch dem Wahrheitsgehalt der *Egils saga* keinen Ab-
bruch. Sie ist ein Meisterwerk, voll von detaillierten Be-
standsaufnahmen vom Leben der Siedler und ihrer Nachkommen.«

Im Gespräch mit Kjartan Ragnarsson wurde deutlich, daß
der ehemalige Schauspieler und in Island sehr erfolgreiche
Dramatiker sein Leben in den Dienst der Isländersagas, vor
allem aber der *Egils saga*, gestellt hat, weil er davon überzeugt ist, daß diese mittelalterlichen Geschichten zu den
spannendsten und interessantesten Prosawerken aller Zei-

ten gehören. Er betonte, daß es bei einer Geschichte wie der *Egils saga* auch um außerordentlich spannende Einblicke in das Leben einer neuen Nation gehe, die unter – in vielerlei Hinsicht – extremen Bedingungen am nördlichen Rande der Welt entstanden sei.

Schauen wir uns den Helden der Saga, Egill, etwas näher an: Schon früh stellt sich heraus, daß kriegerisches Blut in seinen Adern fließt. Als Egill als Siebenjähriger bei einem Ballspiel auf dem Eis bei Hvítárvellir teilnimmt – wo heute noch eine Warte vom Landnahmezentrum zu finden ist –, gerät er in Wut, weil ihn ein Nachbarjunge besiegt und und ihm übel mitspielt. Daraufhin schlägt ihm Egill blitzschnell mit seiner Axt den Schädel ein.

»Als Egil heimkam, ließ sich Skalla-Grim wenig anmerken, Bera aber sagte, Egil hätte das Zeug zu einem Wikinger und es würde dazu kommen, wenn er das Alter hätte, daß man ihm ein Kriegsschiff gäbe. Egil sprach die Strophe:

Das meint meine Mutter,
Man müßte mir kaufen,
Schiff und schöne Ruder,
Fahren sollt ich mit Wikingern:
Droben stehen am Steven,
Steuern teuren Knörr,
Halten so zum Hafen
Töten Mann auf Mann.«

In der Meeresbucht **Sandvik** fand laut Kjartan Ragnarsson das dramatische Ballspiel auf dem Eis statt, bei dem Skallagrímur seinen Sohn Egill umgebracht hätte – wenn die Magd Þorgerður Brák nicht dazwischengegangen wäre. Gegen Abend, als sich das Spiel, bei dem er gegen Egill und dessen Freund Þórður Granason kämpft, dem Ende zuneigt, gerät Skallagrímur dermaßen in Wut, daß er Þórður hochhebt und so hart auf den Boden schleudert, daß er auf der Stelle tot ist. Danach packt er seinen Sohn Egill.

»Thorgerd Brak hieß eine Magd Skalla-Grims, sie hatte Egil in seiner Kindheit aufgezogen; sie war überaus kräftig, stark wie ein Mann und sehr zauberkundig. Brak sagte: ›Skalla-Grim, du rast ja gegen deinen Sohn.‹ Da ließ Egil Skalla-Grim los und griff nach ihr. Sie wandte sich rasch um und lief davon, und Skalla-Grim hinter ihr her. Als sie an das äußerste Ende von Digranes kam, sprang sie von dem Felsen in den Sund. Skalla-Grim warf ihr einen großen Stein hinterher und traf sie zwischen den Schultern, und sie kam danach nicht mehr herauf; die Stelle dort nennt man nun Brakarsund.«

Auch wenn über tausend Jahre vergangen sind, kann man sich diesen Vorfall noch lebhaft vorstellen, wenn man an der heutigen Brücke über Brákarsund steht und ins Wasser schaut. Wenige Schritte davon entfernt steht das neue Landnahmezentrum, wo die Besucher mit Hilfe von multimedialen Präsentationen, moderner Kunst und informativen Texten in die Welt der Landnahme und der *Egils saga* eingeführt werden – ein Muß für jeden, der hier vorbeifährt.

Als Skallagrímur die Magd ertränkt, hat er in seiner Raserei jene beiden Menschen getötet, die Egill am nächsten stehen. Aus Wut auf seinen Vater geht Egill nach Hause und tötet den Vorarbeiter seines Vaters, den der Alte am liebsten hat.

Egill zieht als Krieger ins Ausland und vollbringt viele Heldentaten. Aber auch hier bringt ihn sein Temperament immer wieder in Schwierigkeiten: Nach einer Reihe von Totschlägen gerät er als Gefangener in die Hände des Königs Erik Blodöx in Jorvik. Der König verurteilt ihn zum Tode,

erklärt sich aber auf die Bitte von Egills Freund Arinbjörn
hin bereit, den Krieger noch eine Nacht leben zu lassen.
In der Nacht dichtet Egill ein großes Lobgedicht auf den
König. Als ihm der König erlaubt, das Gedicht vor seiner
Hinrichtung vorzutragen, ist er von dem Gedicht so hingerissen, daß er Egill dafür sein Leben schenkt und ihn laufen
läßt – unter der Bedingung, nie wieder sein Reich zu betre-
ten.

Später, als Egill nach Island zurückkehrt und die Witwe seines Bruders Þórólfur heiratet, sterben seine Söhne Gunnar
und Böðvar. Böðvar ertrinkt an der Mündung des Flusses
Hvítá. Egill reitet mit der Leiche seines ertrunkenen Sohnes zum Grabhügel seines Vaters, läßt den Hügel öffnen
und legt ihn neben Skallagrímur nieder. Er erweist seinem
Sohn mit einem selbstverfaßten Gedicht die letzte Ehre. Es
beginnt mit den Worten:

»Schwer ist's mir
Die Zunge zu rühren
oder emporzuheben
Liedes Waagarm«

Dieses Gedicht *Der Söhne Verlust* gilt als eine der schönsten lyrischen Dichtungen der isländischen Sprache. In
dem langen und bilderreichen Gedicht beklagt Egill seine
tiefe Trauer, wendet sich drohend gegen den Meeresgott
Ægir und wirft Óðinn vor, er habe ihn verraten. Am Ende
jedoch versöhnt er sich mit dem Gott der Dichtkunst, weil
er ihm die wertvolle Dichtergabe geschenkt hat.

Der Schriftsteller Sigurður A. Magnússon hat einmal behauptet, Egill Skallagrímsson verkörpere einige wesent-
liche Charakterzüge des Isländers. Er sei unruhig, unter-
nehmungslustig, selbständig und trotzig gewesen. Außer-

dem ein Mann der Tat, stolz und furchtlos, praktisch, hart-
näckig und streitsüchtig. Er habe somit den Heldentypus
verkörpert, den die Isländer bis zum jüngsten Tag vereh-
ren: ein großer Unternehmer, der zugleich über künstleri-
sche oder literarische Fähigkeiten verfügt.

In seiner Schrift *Íslenzk menning* (»Isländische Kultur«,
1942) hebt der Literaturwissenschaftler Sigurður Nordal
hervor, von allen Menschen in der Morgendämmerung
der isländischen Geschichte trage Egill Skallagrímsson die
markantesten individuellen Charakterzüge. Er sei im Grunde der erste Isländer, den wir als Person kennenlernen und
zugleich der erste Germane, der die historische Bühne betritt und sich selbst, vom äußeren Aussehen bis hin zu seinen tiefsten Gefühlen, beschreibt. Man könne ihn auch
zugleich den letzten Germanen nennen. Er stehe auf der
Brücke zwischen zwei Welten; seine Kinder nehmen den
christlichen Glauben an, daher sei sein Leben in gewissem
Sinne der Schwanengesang einer heidnischen Welt, die bereits dem Untergang geweiht ist.

Kaum eine Figur und kaum eine Geschichte aus dem Mittelalter ist bis zum heutigen Tag im Bewußtsein der Einheimischen so lebendig wie Egill und die *Egils saga*. Vielleicht
kann man Egils Charakter aber nur erfahren, wenn man
seine Spuren im Borgarfjörður erkundet.

Snorri Sturluson, der Verfasser der Edda

In **Reykholt**, eine knappe Autostunde von Borgarnes entfernt, lebte im 13. Jahrhundert Snorri Sturluson, eine der
herausragendsten Gestalten der isländischen Literatur.
Snorri, der neben seinen berühmten historischen und lite-
raturgeschichtlichen Werken auch die *Egils saga* geschrieben haben soll, war einer der mächtigsten Politiker seiner

Zeit. Durch das Einheiraten in eine reiche Familie gelangte er zu Reichtum und Ansehen im Bezirk Borgarfjörður. Nachdem er mit seiner Frau einige Jahre auf Egils früherem Hof, Borg, gelebt hatte, trennten sich die beiden. Snorri zog daraufhin im Jahr 1206 auf den Hof Reykholt.

Nach einem Aufenthalt in Norwegen von 1218 bis 1220 kehrte Snorri nach Island zurück und heiratete Hallveig Ormsdóttir, die damals reichste Frau des Landes. Als Snorri Sturluson in schwierige politische Machtkämpfe zwischen seinem Freund Skúli »Jarl«, dem norwegischen Regenten, und König Håkon in Norwegen verwickelt wurde, beauftragte der König den Häuptling Gizur Þorvaldsson, Snorri entweder festzunehmen und nach Norwegen zu bringen oder zu töten. Hinzu kam, daß Snorri im Sommer 1241 seine Ehefrau verloren hatte und sich weigerte, ihren Söhnen das volle Muttererbe auszuzahlen, woraufhin diese den Häuptling Gizur, ihren Onkel, um Hilfe anriefen. So reiste Gizur im Herbst 1241 nach Reykholt. Am 23. September schlichen er und seine Männer nachts in Snorris Schreibstube und töteten den Dichter.

Heute hat man die Grundmauern von Snorris Hof in Reykholt ausgegraben, die man zusammen mit dem Hotpot **Snorralaug**, in dem der berühmte Autor zwischendurch zum Entspannen gesessen haben soll, besichtigen kann.

Im ersten Teil von Snorris *Edda*, *Prologus*, wird die Entstehung der Welt aus christlicher Sicht erläutert. Es geht um die Sintflut, verschiedene Religionen der Völker und unterschiedliche Theorien von der Natur. Außerdem wird der Stammbaum der nordischen Götter bis zu den trojanischen Helden zurückverfolgt und von Odins Reise in den Norden der Welt berichtet.

Im zweiten Teil, *Gylfaginning* (»Gylfis Betörung«), wird die altnordische Skaldendichtung dargestellt und erläutert.

Verkleidet als Wanderer macht sich der schwedische König Gylfi auf den Weg, die mythischen Wahrheiten von den Göttern zu erfahren. Alles was hier geschieht, ist eine »Illusion« oder »Betörung«, die von den Göttern gezaubert wird.

Im dritten Teil, *Skáldskaparmál* (»Lehre von der Dichtung«), wird zunächst der mythologische Ursprung der Poesie erläutert. Danach folgt eine ausführliche Darstellung sogenannter »kenningar« als elementares Kernstück der metaphorischen Sprache der altnordischen mythologischen Dichtung.

Und im letzten Teil der *Edda*, *Háttatal* (»Lehre von den Strophenformen«), führt Snorri Beispiele an für die verschiedenen Strophenformen und Versmaße der altnordischen Poesie, die er anhand eines Lobgedichts auf König Håkon und Skúli *Jarl* darstellt.

In seiner *Heimskringla*, einem anderen seiner Werke (siehe Rundfahrt 3), erzählt Snorri auf lebhafte Art und Weise die Geschichte der norwegischen Könige von den Anfängen bis etwa 1180. Nicht zuletzt aufgrund dieser für die Norweger wertvollen Schrift haben die norwegischen Behörden sowohl den Bau der schönen neuen Kirche als auch des Snorri-Forschungszentrums in Reykholt gefördert.

Wer auf den Spuren Snorri Sturlusons in Reykholt wandelt, sollte nicht versäumen, die äußerst sorgfältig zusammengestellte und informative Ausstellung zu seinem Leben und Wirken vor Ort zu besuchen. Von hier lohnt auch ein Abstecher landeinwärts Richtung Gebirge zu den außergewöhnlichen Wasserfällen **Hraunfossar**.

Von den Wasserfällen ist es auch nicht mehr weit zum schönen Sommerparadies von **Húsafell**, einem Birkenwäldchen, wo warmes Wasser aus der Erde sprudelt und die »Hotpots« zum Entspannen einladen. Von dort hat man einen hervorragenden Blick auf den gewaltigen Gletscher Eiríksjökull, dessen Name auf eine alte Geschichte zurückgeht, die gerne in dieser Region erzählt wird:

Einige Schüler töteten am alten Bischofsitz Hólar im Norden Islands die Köchin. Um der Strafe zu entkommen, flohen sie über die Berge in den Süden und richteten sich als Geächtete in der Höhle **Surtshellir** ein, die sich in der **Hallmundar-Lava**, oberhalb der Wasserfälle Hraunfossar befindet. Diese Höhle kann übrigens in Begleitung des Bauern von Húsafell besichtigt werden. Von der Höhle aus unternahmen sie Raubzüge und stahlen den Bauern Schafe. Die Geächteten wurden mit der Zeit immer dreister und begannen sogar, in der nahe gelegenen Kirche von Kalmanstunga zum Gottesdienst zu erscheinen. Dabei standen sie voll bewaffnet in der Mitte des Gotteshauses und lehnten sich mit dem Rücken aneinander. Es wird auch gesagt, daß zwei Bauerntöchter aus der Region zu ihnen in die Höhle zogen.

Nachdem dieses Treiben einige Jahre angedauert hatte, erklärte sich ein mutiger Bauernsohn bereit, als Spitzel zu den Geächteten in die Höhle zu gehen. Es gelang ihm, das Vertrauen der Höhlenbewohner zu gewinnen, doch vergingen zwei Jahre, bis er eine Gelegenheit fand, die Bauern an sie heranzubringen. Als sie in einer Herbstnacht Schafe stehlen wollten, täuschte er eine Krankheit vor, um in der Höhle bleiben zu können. Aus Mißtrauen schnitten sie ihm aber die Sehnen beider Füße durch, damit er während ihrer Abwesenheit nicht fliehen konnte.

Es gelang dem Bauernsohn trotzdem, aufs Pferd zu steigen und zu den Höfen zu reiten. Er teilte den Bauern mit, daß die Geächteten unterwegs in einer Mulde in der Lava Rast machen würden. Die Bauern konnten so die Geächteten in der Lava überraschen. Einige wurden sofort von den

Bauern getötet, andere erst nach einer langen Verfolgungsjagd.

Einer der Geächteten namens Eiríkur war ein schneller
Läufer und konnte in die Berge entkommen. Es gelang
ihm, sich auf einen Felsvorsprung am Fuße des großen Gletschers zu retten, der seitdem Eiríksjökull genannt wird.
Beim Klettern schlugen ihm die Verfolger den unteren Teil
eines Beins ab, doch konnte er trotzdem fliehen.

Viele Jahre nach diesen Ereignissen kam ein fremdes Schiff
an die Südküste. Es sprach sich herum, daß die Seefahrer
eine Menge spannender und preiswerter Güter anzubieten
hätten. Viele Bauern begaben sich zu dem Schiff, darunter
der frühere Bauernsohn von Kalmanstunga, der in der Zwi-
schenzeit den Hof seines Vaters übernommen hatte und
längst von seinen Wunden geheilt war.

Als er jedoch an Bord kam, ließ der Kapitän das Schiff sofort losbinden und in See stechen. Von ihm hat man nie
wieder etwas gehört. Viele, die auf dem Schiff gewesen waren, erzählten später, daß der fremde Kapitän mit einem
Holzbein herumgelaufen sei ...

Þingvellir – faszinierende Landschaft und Schauplatz dra-
matischer Geschichten

Von Húsafell führt die Hochlandroute Kaldidalur nach
Þingvellir, dem wohl geschichtsträchtigsten Ort Islands.
Diese landschaftlich schöne und bei den Isländern beliebte
Route wird eingerahmt von den zwei Gletschern Þóris-
jökull und Ok und gehört zu den höchsten Autostraßen
des Landes – ihr höchster Punkt liegt auf 727 Metern über
dem Meeresspiegel. Daher ist sie nur im Sommer befahr-
bar.

Halldór Laxness nannte Þingvellir, die kleine grüne Ebene

in der Lava am Þingvallasee, einmal »die heilige Stätte der
isländischen Geschichte« und fügte hinzu:

»So wie es in der Geschichte Islands kaum ein historisches
Ereignis ersten Ranges gibt, das nicht irgendwelche Beziehungen zu diesem Ort hätte, so gibt es kaum eine Saga, in
der sich nicht eine oder mehrere Episoden hier ganz oder
teilweise abgespielt hätten. Beim Anblick dieser verhexten
Landschaft fühlt ein Isländer das tausendjährige Echo seiner Geschichte fast körperlich; für ihn spiegelt sich hier
die Heldensaga wider mit ihrer Mischung aus Schicksals-
glauben und Wirklichkeitssinn.«

Nach der Gründung des Parlaments im Jahr 930 tagte hier
die Volksversammlung der Isländer fast tausend Jahre lang.
Dieses erste demokratische Parlament Europas trat jedes
Jahr in der zweiten Junihälfte zusammen und hielt seine
Sitzungen im Freien ab. Hier wurden aber nicht nur Gesetze gemacht, sondern auch Feste gefeiert. In alten Schriften ist oft von einem Mann namens Þórhallur »ölkofri«
(»Biermütze«) die Rede, der ums Jahr 1000 die ehrwürdi-
ge Aufgabe hatte, dafür zu sorgen, daß die Versammelten
nicht verdursteten. Manchmal trafen sich hier auch Mann
und Frau unter duftenden Birkenbäumen und beschlossen,
in den Ehestand zu treten, so z. B. Gunnar und Hallgerður
aus der *Njáls saga*.

Mitte Juni strömten die Reiter aus den umliegenden Bergen her, um sich in der Spalte Almannagjá am Ufer des Flusses Öxará zu versammeln. Die steile Felswand hinter dem
Hügel Lögberg (»Gesetzesfelsen«) lieferte die notwendige
Akustik. An dieser imponierenden Stelle, wo laut der Kon-
tinentalverschiebungstheorie die eurasische und die ame-
rikanische Platte auseinanderdriften, wurde im Jahr 1000
das Christentum ohne Blutvergießen eingeführt. Vorher
war es zwischen den Heiden und den christianisierten

Häuptlingen beinahe zu einem Bürgerkrieg gekommen, der dramatische Folgen für die Isländer hätte haben können. In einer kleinen Lavaspalte, die sich in der Nähe der heutigen Kirche von Þingvellir befindet, loderten im 17. Jahrhundert die Scheiterhaufen, auf denen infolge des Hexenwahns neun Menschen verbrannt wurden. Und neben der Brücke an der Spalte ist im Fluß das sogenannte »Ertränkungstief«, in dem zum Tode verurteilte Frauen in vergangenen Jahrhunderten ertränkt wurden.

In Þingvellir trat das Volk auch im Jahr 1930 zusammen, um das tausendjährige Bestehen des Parlaments zu feiern. Am 17. Juni 1944 wurde hier in Anwesenheit des Volkes die neue isländische Republik mit einem feierlichen Akt gegründet. Damit ging die fast siebenhundert Jahre dauernde Kolonisation der Isländer zu Ende. Für die Isländer war das freilich ein großer Tag. Endlich waren die Nachfahren der stolzen Wikinger, die hier am Ufer des größten Binnensees des Landes tausend Jahre zuvor den Freistaat gegründet hatten, wieder ein freies Volk.

In seinem Königsbuch berichtet Snorri Sturluson davon, daß der norwegische König Olaf der Heilige um 1018, kurz nach der Christianisierung, eine große Glocke nach Island schickte, die sich nach Snorris Worten zu seiner Zeit immer noch in Þingvellir befand. Wenige Jahre später schickte sein Bruder Harald den Isländern eine weitere Glocke, die in der damals neugebauten Holzkirche auf Þingvellir aufgehängt wurde. Was aus dieser wurde, ist nicht bekannt. 1593 wird aber von einer Glocke berichtet, welche allem Anschein nach aus dem Kupfer der beiden früheren gegossen wurde. Diese neue Glocke bekam 1630 einen Riß, wurde aber trotzdem noch ein Jahrhundert lang benutzt. Dann wurde sie nach Kopenhagen geschickt, wo aus dem Metall eine neue gegossen wurde, die 1733 mit

Þingvellir, dramatischer Schauplatz der isländischen Geschichte

dem Schiff nach Keflavík kam. Da niemand bereit war, sie zu bezahlen, wurde sie neun Jahre später wieder nach Dänemark geschickt. Für die nächsten fünfundzwanzig Jahre hatte das Parlament keine Glocke, bis ein betuchter Kreisvorsteher an der Südküste dem Thing eine neue schenkte. Nachdem das Parlament auf Þingvellir Ende des 18. Jahrhunderts niedergelegt wurde, brachte man sie nach Reykjavík, wo sie in einem Gerichtsgebäude untergebracht wurde. Zur Gründung der Republik 1944 bekam die Kirche von Þingvellir dann eine neue und schöne Glocke.

Am 17. Juni 1944, dem Tag der Unabhängigkeit, ging der Dichter Halldór Laxness in die Spalte Almannagjá hinunter, als die Kirchenglocke zu läuten begann. Da wandte sich ihm plötzlich ein fremder Mann im Gedränge zu und sagte: »Jetzt wird die Islandglocke wieder geläutet.« Diese Worte machten auf den Schriftsteller tiefen Eindruck und inspirierten ihn zu einem Gedicht über die Glocke, die früher einen Bruch bekam, aber jetzt wieder laut und deutlich zu klingen beginnt: »kátt tók að klingja og fast, klukkan sem áður brast«.

In seinem Roman *Die Islandglocke*, dessen erster Teil ein Jahr zuvor erschien und der erst zwei Jahre später vollendet wurde, spielt Islands Glocke als Symbol für die Höhen- und Talfahrten seines Volkes ebenfalls eine Rolle. In gewissem Sinne kann man sagen, daß der Zustand der Glocke in Þingvellir im Laufe der Jahrhunderte vom Verlauf der isländischen Geschichte gezeichnet war: Zur Zeit des Hexenwahns im 17. Jahrhundert kümmerte es die Isländer wenig, daß die Glocke einen Riß bekommen hatte. Das 18. Jahrhundert, das mit einer großen Pest einsetzte, war eines der schlimmsten Jahrhunderte in der Geschichte des Landes. Natur- und Hungerkatastrophen sorgten dafür, daß kein Mensch an dem Glockenklang in Þingvellir interessiert war. Daher war es verständlich, daß niemand die aus Kopenhagen herübergeschiffte Glocke bezahlen wollte. Erst 1944 bekam die Glocke Islands in Þingvellir den erfreulichen Klang, den sie bis zum heutigen Tag behalten hat.

Serviceteil

1. In der Hauptstadt Reykjavík

Gljúfrasteinn
270 Mosfellsbær, www.gljufrasteinn.is
Öffnungszeiten: 1. 9. bis 31. 5., täglich 10 bis 17 Uhr (außer montags), 1. 6. bis 31. 8., täglich 9 bis 17 Uhr, Audioguide erhältlich auf Deutsch
Für ein halbes Jahrhundert lebte Halldór Laxness mit seiner Familie im Haus »Gljúfrasteinn« und schrieb dort viele seiner bekanntesten Werke. Seit 2004 ist sein Wohnhaus, das sich in Mosfellsbær, ungefähr 12 Kilometer von Reykjavík entfernt, befindet, ein sehr empfehlenswertes Dichter-Museum.

Handschriftenausstellung im Kulturhaus
Hverfisgata 15, 101 Reykjavík, www.thjodmenning.is
Öffnungszeiten: täglich 11 bis 17 Uhr
In einem Kulturhaus im Herzen von Reykjavík befindet sich eine Ausstellung der mittelalterlichen Manuskripte der *Edda*-Lieder und Sagas. Hier sind viele der wertvollsten Kulturschätze des Nordens unter Glas zu bewundern.

Hofsstaðir
Kirkjulundur, 210 Garðabær, www.gardabaer.is
In einem Vorort von Reykjavík sind Ruinen eines »Langhauses« aus dem 9. Jahrhundert ausgegraben worden. Eine preisgekrönte, multimediale Ausstellung vermittelt den Besuchern einen interessanten Einblick in die Lebensverhältnisse der Siedler.

Isländisches Nationalmuseum
Suðurgata 41, 101 Reykjavík, www.thjodminjasafn.is
Öffnungszeiten: 1. 5. bis 15. 9., täglich 10 bis 17 Uhr, 16. 9. bis 30. 4., täglich 11 bis 17 Uhr (außer montags)

Hier wird Besuchern ein äußerst interessanter Streifzug durch die tausendeinhundertjährige Geschichte des isländischen Volkes geboten. Mit Hilfe von Spielen, historischen Kleidern und rekonstruierten Waffen kann man die Geschichte »hautnah« erleben, zumal man auch historische Persönlichkeiten vergangener Zeiten kennenlernen kann. Ein Muß für jeden Islandbesucher.

Kaffibarinn
Bergstaðarstraeti 1, 101 Reykjavík, www.kaffibarinn.is
Das Café ist ein beliebter Treffpunkt für junge Leute.

Reykjavík 871 +/- 2 Besiedlungsausstellung
Aðalstræti 16, 101 Reykjavík, www.reykjavik871.is
Öffnungszeiten: täglich 10 bis 17 Uhr
Bei Ausgrabungen 2001 bis 2003 in Reykjavíks Innenstadt wurden Ruinen eines Hofes aus dem 10. Jahrhundert freigelegt. Hier kann man die Ruinen besichtigen und mit Hilfe von beeindruckender multimedialer Technik eine faszinierende Reise in die Vergangenheit der Isländer unternehmen. Sehr empfehlenswert.

Saga Museum
Perlan, Reykjavík, www.sagamuseum.is
Öffnungszeiten: 1.4. bis 30.9., täglich 10 bis 18 Uhr, 1.10. bis 31.3., täglich 12 bis 17 Uhr
Im Foyer des Drehrestaurants Perlan, auf dem Hügel Öskjuhlíð, kommen Besucher mit einigen wichtigen Ereignissen der isländischen Geschichte in Berührung. Hier gibt es historische Figuren in voller Lebensgröße zu bestaunen – nicht zuletzt für junge Besucher geeignet.

Viking Village
Strandgata 55, 220 Hafnarfjörður, www.vikingvillage.is
In Hafnarfjörður, etwa zwölf Kilometer von Reykjavík entfernt, befindet sich das »Wikingerdorf«, wo u. a. das Handwerk der Wikinger besichtigt werden kann. Hier finden auch in einer großen Festhalle Wikingerfeste statt, und einmal im Jahr lädt das »Viking

Village« zu einem sehr gut besuchten internationalen Wikinger-
fest ein.

Wikingerschiff »Íslendingur«
Tjarnargata 12, 230 Reykjanesbær, www.atom.is/viking
Öffnungszeiten: 1. 5. bis 15. 9., täglich 13 bis 17 Uhr, sonst nach
Vereinbarung
Etwa fünf Kilometer vom internationalen Flughafen Keflavik
entfernt steht das Schiff »Íslendingur«, mit dem einige mutige
Nachkommen der Wikinger im Jahr 2000, anläßlich des tausend-
jährigen Jubiläums der Entdeckung der »Neuen Welt«, nach Nord-
amerika gesegelt sind. Hier ist auch eine Ausstellung entstanden,
die sich den Vinlandreisen der Wikinger ums Jahr 1000 widmet.

2. An der Südküste entlang durch Wüsten- und Gletscherlandschaften

Njáls-Saga-Center
Hlíðarvegur, 860 Hvolsvöllur, www.njala.is
Öffnungszeiten: 1. 5. bis 30. 9., täglich 9 bis 19 Uhr, sonst nach
Vereinbarung
In der Ortschaft Hvolsvöllur, mitten in der *Njáls saga*-Region,
gibt es eine Ausstellung zur Einführung in die Wikingerzeit und
die Welt der *Njáls saga*, der »reifsten Frucht im Garten der altnor-
dischen Literatur«, wie diese Saga einmal genannt wurde. Hier
können Besucher die Nachkonstruktion einer mittelalterlichen
Festhalle besichtigen.

Þjóðveldisbærinn
Öffnungszeiten: 1. 6. bis 31. 8., täglich 10 bis 12 Uhr und 13 bis 18
Uhr
Im Tal Þjórsárdalur, oberhalb der Südküste, etwa 120 Kilometer
von Reykjavík entfernt, gibt es eine Rekonstruktion aus dem
Jahr 1974 von dem »Saga-Hof« Stöng, dessen Ruinen weiter
oben im Tal zu finden sind. Stöng wurde 1104 bei einem gewalti-

gen Ausbruch des nahe gelegenen Vulkans Hekla zerstört. Neben dem nachgebauten Hof kann man auch die Replika einer mittelalterlichen Torfkirche besichtigen. Von hier sollte man auch auf die Anhöhe oberhalb des Gehöfts fahren, um den hervorragenden Blick auf den majestätischen Hekla-Vulkan zu genießen.

Þórbergs-Zentrum
Auf dem Hof Hali in der Region Suðursveit, wo der Schriftsteller Þórbergur Þórðarson geboren wurde, gibt es ein Besucherzentrum, das über sein Leben und sein Wirken informiert. Hier kann man aber nicht nur die wichtigsten Stationen im Leben des Autors erleben, sondern auch einen interessanten Einblick in die außergewöhnlichen Lebensumstände der Einwohner dieser eindrucksvollen Region bekommen, die in vergangenen Jahrhunderten zeitweilig von gewaltigen Gletscherflüssen begrenzt war. Sehr empfehlenswert.

Sænautasel
Sænautasel liegt in der Jökuldalsheiði in der Nähe des Sænautavatn. Ein sehenswertes Gehöft in außergewöhnlicher Umgebung. Es gibt im Haus ein kleines Café, das im Sommer geöffnet ist.

Skógasafn (Heimatmuseum in Skógar)
861 Hvolsvöllur, www.skogasafn.is
Öffnungszeiten: Mai und September, 10 bis 17 Uhr, Juni bis August, 9 bis 18.30 Uhr, Oktober bis April, 11 bis 16 Uhr
Ein sehenswertes Heimatmuseum, nahe dem Wasserfall Skógafoss, das von dem Gelehrten Þórður Tómasson gegründet wurde. Der alte Mann ist heute noch die »Seele des Museums«.

3. Durch den Norden – von Europas größtem Wasserfall über den Mückensee und Akureyri zum Skagafjörður

Hólar in Hjaltadalur
In Hólar, von 1106 bis 1798 Bischofssitz, steht noch ein alter Dom aus dem 18. Jahrhundert, der zu den größten Schätzen isländischer Baugeschichte gehört. Außerdem kann man hier ein gut erhaltenes Torfgehöft aus dem 19. Jahrhundert besichtigen sowie die schöne Rekonstruktion eines Holzgebäudes aus dem 14. Jahrhundert.

Hrafnkelsdalur
Etwa 100 Kilometer westlich der Ortschaft Egilsstaðir – und 150 Kilometer vom See Mývatn – entfernt, liegt das Tal Hrafnkelsdalur. Hier ist der Schauplatz der *Hrafnkels saga*, einer der kleineren Isländersagas, in der das Pferd Freyfaxi im Mittelpunkt der Handlung steht. Der Häuptling Hrafnkell von Aðalból tötet einen Hirten, nachdem dieser ohne Erlaubnis auf seinem Pferd, das er dem Gott Freyr gewidmet hat, geritten ist. Damit kommt eine dramatische Handlung in Gang, die in dieser Region im Osten spielt. Im Tal gibt es interessante Ausgrabungen sowie auch Schilder, welche auf die Schauplätze der *Hrafnkels saga* hinweisen.

Nonnahús (Nonnihaus)
Aðalstræti 54, 600 Akureyri, www.nonni.is
Öffnungszeiten: 1. 6. bis 1. 9., täglich 10 bis 17 Uhr, sonst nach Vereinbarung
Nonnahús ist das Haus, in dem der Schriftsteller Nonni (Jón Svensson) einen Teil seiner Kindheit verbrachte. Abgesehen von der sehr informativen Ausstellung gibt das Haus einen guten Einblick in die Lebensverhältnisse einer einfachen Familie in Akureyri um die Mitte des 19. Jahrhunderts.

5. Rund um die Halbinsel Snæfellsnes

Eiríksstaðir
Öffnungszeiten: 1.6. bis 1.9., täglich 9 bis 18 Uhr, sonst nach Vereinbarung
Hier kann man sowohl die Ruinen des alten Hofes, in dem Leifur Eiríksson, der Entdecker Amerikas, geboren wurde, als auch ein nachgebautes Wikingergehöft besichtigen. Im Sommer werden Gäste von Guides in Wikingerkostümen vor Ort empfangen.

6. Historische Ziele im Südwesten

Das Landnahmezentrum
Brákarbraut 13-15, 310 Borgarnes, www.landnam.is
Öffnungszeiten: 1.6. bis 31.8., täglich 10 bis 19 Uhr, 1.9. bis 31.5., täglich 11 bis 17 Uhr
In Borgarnes, eine Autostunde von Reykjavík entfernt, können Besucher im Landnahmezentrum (Landnámssetrið) in zwei beeindruckenden Ausstellungen sowohl die Landnahmezeit (9. bis 10. Jahrhundert), als auch die Welt der mittelalterlichen *Egils saga* erleben. Ein Muß für alle, die Islands Geschichte und Literatur kennenlernen möchten.

Besucherzentrum des Nationalparks Þingvellir
www.thingvellir.is
Öffnungszeiten: 1.6. bis 1.9., täglich 9 bis 19 Uhr, 1.4. bis 1.6. und 1.9. bis 1.11., täglich 9 bis 17 Uhr
Oberhalb der Spalte Almannagjá befindet sich ein Besucherzentrum, wo die spannende Geologie und die beeindruckende Geschichte dieser Region dargestellt werden. Þingvellir ist Islands einziger Ort, der von der UNESCO zum »Weltkulturerbe« erklärt wurde.

Reykholt

www.snorrastofa.is

Öffnungszeiten: 1. 5. bis 30. 9., täglich 10 bis 18 Uhr, 1. 10. bis 30. 4., Montag bis Freitag 10 bis 17 Uhr

In Reykholt, dem früheren Wohnsitz des *Edda*-Verfassers Snorri Sturluson, gibt es eine informative Ausstellung über das Wirken des großen Schriftstellers und seine Zeit.

Quellenverzeichnis

Bollason, Arthúr: Andreas Heusler in Island. In: Germanentum im *Fin de siècle*. Wissenschaftsgeschichtliche Studien zum Werk Andreas Heuslers. Schwabe Verlag, Basel 2005.

Die Edda. Götterdichtung, Spruchweisheit und Heldengesänge der Germanen. Ins Deutsche übertragen von Felix Genzmer. Eingeleitet von Kurt Schier. © 1997 Diederichs Verlag, München, in der Verlagsgruppe Random House GmbH.

Egils saga: Die Saga von Egil Skalla-Grimsson. Herausgegeben und aus dem Isländischen übersetzt von Kurt Schier. © 1996 Diederichs Verlag, München, in der Verlagsgruppe Random House GmbH.

Eiríks saga. In: Die Vinland Sagas. Aus dem Altisländischen übersetzt und mit Anmerkungen versehen von Bernhard Gottschling. Sammlung Scandia, Bochum 1979.

Eyrbyggja saga: Die Saga von den Leuten auf Eyr. Herausgegeben und aus dem Altisländischen übersetzt von Klaus Böldl. Wissenschaftliche Buchgesellschaft, Darmstadt 1999.

Gísli saga: Die Saga von Gisli. In: Die schönsten Geschichten aus Thule. Herausgegeben von H. M. Heinrichs. Mit einem Nachwort von Kurt Schier. Eugen Diederichs Verlag, München 1993.

Grettis saga: Die Saga von Grettir dem Starken. Herausgegeben und aus dem Altisländischen übersetzt von Hubert Seelow. © 1998 Diederichs Verlag, München, in der Verlagsgruppe Random House GmbH.

Grumbkow, Ina von: Isafold. Reisebilder aus Island. Verlag LiteraturWissenschaft.de, Marburg 2006.

Guðmundsson, Einar Már: Engel des Universums. Roman. Aus dem Isländischen von Angelika Gundlach. © 1998 Carl Hanser Verlag, München.

Guðmundsson, Halldór: Halldór Laxness. Eine Biographie. Aus dem Isländischen von Helmut Lugmayr. btb, München 2007.

Guðmundsson, Sigurður: Gunnar á Hlíðarenda. In: Skírnir. Reykjavík, 1918.

Gunnarsson, Gunnar: Schwarze Schwingen. Einzige berechtigte Übersetzung aus dem Dänischen von Pauline Klaiber-Gottschau. © Albert Langen Verlag, München 1930.

Gunnarsson, Gunnar: Advent im Hochgebirge. Ins Deutsche übertragen von Helmut de Boor. Mit einem Nachwort von Jón Kalman Stefánsson. © Philipp Reclam jun., Stuttgart 2006.

Gunnarsson, Ólafur: Niemand wie ich. Aus dem Isländischen von Maria-Claudia Tomany. © Steidl Verlag, Göttingen 2004.

Hansen, Walter: Asgard. Entdeckungsfahrt in die germanische Götterwelt Islands. Lübbe Verlag, Bergisch Gladbach 1985.

Hardar saga. Die Geschichte von Hörd, dem Geächteten. In: Fünf Geschichten von Ächtern und Blutrache. Ins Deutsche übertragen von A. Heusler und Fr. Ranke. Eugen Diederichs Verlag, Düsseldorf/Köln 1964.

Helgason, Hallgrímur: 101 Reykjavík. Roman. Aus dem Isländischen von Karl-Ludwig Wetzig. © Hallgrímur Helgason, 1996. Published by arrangement with Mál og menning. Klett-Cotta, Stuttgart 2002.

Helgason, Jón Karl: Ferðalok (Ende der Reise). Reykjavík, 2003.

Indriðason, Arnaldur: Todesrosen. Island-Krimi. Aus dem Isländischen von Coletta Bürling. © 2008 Verlagsgruppe Lübbe GmbH & Co. KG, Bergisch Gladbach.

Ingólfsson, Viktor Arnar: Das Rätsel von Flatey. Aus dem Isländischen von Coletta Bürling. © 2005 Verlagsgruppe Lübbe GmbH & Co. KG, Bergisch Gladbach.

Kárason, Einar: Norðurljós (Nordlicht). Reykjavík, 1998.

Laxness, Halldór: Um Jónas Hallgrímson. In: Alþýðubókin (Volksbuch). Reykjavík, 1929.

Laxness, Halldór: Am Gletscher. Aus dem Isländischen von Bruno Kress. Mit einem Nachwort von Susan Sontag. © Steidl Verlag, Göttingen 2005.

Laxness, Halldór: Atomstation. Aus dem Isländischen von Hubert Seelow. © Steidl Verlag, Göttingen 2002.

Laxness, Halldór: Brennunjálssaga. Reykjavík, 1945.

Laxnes, Halldór: Das Fischkonzert. Aus dem Isländischen und mit einem Vorwort von Hubert Seelow. © Steidl Verlag, Göttingen 1997.

Laxness, Halldór: Die glücklichen Krieger. Aus dem Isländischen von Bruno Kress. Mit einem Nachwort von Hubert Seelow. © Steidl Verlag, Göttingen 1991.

Laxnes, Halldór: Die Islandglocke. Aus dem Isländischen und mit einem Nachwort von Hubert Seelow. Steidl Verlag, Göttingen 2002.

Laxness, Halldór: Sein eigener Herr. Aus dem Isländischen von Bruno Kress. Mit einem Nachwort von Hubert Seelow. © Steidl Verlag, Göttingen 2002.

Laxness, Halldór: Weltlicht. Aus dem Isländischen von Hubert Seelow. © Steidl Verlag, Göttingen 2003.

Laxness, Halldór: Das wiedergefundene Paradies. Aus dem Isländischen von Bruno Kress. Mit einem Nachwort von Hubert Seelow. © Steidl Verlag, Göttingen 1998.

Njáls saga. In: Isländersagas. Übertragen und herausgegeben von Rolf Heller. Insel Verlag Leipzig 1982.

Nordal, Sigurður: Matthías við Dettifoss. In: List og lífsskoðun. 1987.

Poestion, J. C.: Eislandblüten. Ein Sammelbuch neu-isländischer Lyrik. Mit einer kultur- und literarhistorischen Einleitung und erläuternden Glossen. Georg Müller Verlag, Leipzig/München 1904.

Reykdæla saga. Die Geschichte der Leute aus dem Rauchtal. In: Fünf Geschichten aus dem östlichen Nordland. Ins Deutsche übertragen von W. Ranisch und W. H. Vogt. Eugen Diederichs Verlag, Düsseldorf/Köln 1964.

Senner, Wayne Marshall: Messíasarþýðing Jóns þorlákssonar. Skírnir, 1975.

Sigurðardóttir, Steinunn: Der Zeitdieb. Aus dem Isländischen von Coletta Bürling. © Ammann Verlag, Zürich 1997.

Sigurðardóttir, Steinunn: Herzort. Aus dem Isländischen von Coletta Bürling. © Ammann Verlag, Zürich 2001.

Skúlason, Páll: Gedanken am Rande der Askja. Über das Verhältnis zwischen Mensch und Natur. Ins Deutsche übertragen von Angela Schamberger. Haskolautgafan, Reykjavík 2005.

Sturluson, Snorri: Snorris Königsbuch. Ins Deutsche übertragen von Felix Niedner. Eugen Diederichs Verlag, Düsseldorf/Köln 1965.

Svensson, Jón »Nonni«: Wie Nonni das Glück fand. SJM-Verlag, Meckenheim 2004.

Trausti, Jón: Anna frá Stóruborg. Reykjavík, 1967.

Trausti, Jón: Skaftafeuer. Aus dem Isländischen übersetzt von Susanne Beug. Eigenverlag Susanne Beug, Hella 1992.

Venske, Regula: Trolle, Geysire und ein ganz gewöhnlicher Stein. In: Bei Ankunft Mord. Herausgegeben von Andrea C. Busch und Almuth Heuner. © Gerstenberg Verlag, Hildesheim 2000.

Verne, Jules: Reise zum Mittelpunkt der Erde. Aus dem Französischen von Joachim Fischer. S. Fischer Verlag, Frankfurt am Main 1968.

Víga-Glúms saga. Die Saga von Glum. In: Fünf Geschichten aus dem östlichen Nordland. Ins Deutsche übertragen von W. Ranisch und W. H. Vogt. Eugen Diederichs Verlag, Düsseldorf/Köln 1964.

Víglundar saga. Die Saga von Víglund. Aus dem Altwestnordischen übersetzt und herausgegeben von Andreas Gageik u. a. Nordis Verlag, Essen 1987.

Die Vinland Sagas. Aus dem Altisländischen übersetzt und mit Anmerkungen versehen von Bernhard Gottschling. Sammlung Scandia, Bochum 1979.

Þórðarson, Þórbergur: Vatnadagurinn mikli. In: Frásagnir. Reykjavík, 1972.

Þórðarson, Þórbergur: Í Suðursveit. Reykjavík, 1975.

Þórðarson, Þórbergur: Unterwegs zu meiner Geliebten. Aus dem Isländischen von Hans H. Reykers. Skulima Verlag, Heidelberg 1960.

Bildnachweis

Seite 43, 86, 208/209: Bilderberg/Wolfgang Fuchs, 76: Bilderberg/
Klaus D. Francke, 121: Galen Rowell/CORBIS/RM, 174: Arctic-
Images/Corbis, 92: (Arcticphoto/laif), 20: Mauritius images/image-
broker.
Alle weiteren Fotos: Emil Þór Sigurðsson
Umschlagfoto: Ted Levine/Zefa/Corbis